DU kannst auch ANDERS!

Gabriele Schendl-Gallhofer:
Du kannst auch anders!

info@j-kamphausen.de
www.weltinnenraum.de

Lektorat: Hendrik Bönisch
Illustrationen: Gabriele Schendl-Gallhofer
Typografie/Satz: KleiDesign
Umschlaggestaltung: Wilfried Klei
Druck & Verarbeitung:
Westermann Druck Zwickau

1. Auflage 2007
Die Deutsche Bibliothek – CIP-Einheitsaufnahme

Ein Titelsatz für diese Publikation
ist bei der Deutschen Bibliothek erhältlich.

ISBN 978-3-89901-126-5

Gabriele Schendl-Gallhofer

DU kannst auch ANDERS!

Wirkungsvoll verändern –
Hand in Hand
mit dem Unbewussten

WILLE

Einleitung

Mit diesem Buch lade ich Sie auf spielerische Weise und mit einem Augenzwinkern in die Welt der Neurobiologie und des Unbewussten ein. Ich informiere Sie über die neuesten Erkenntnisse aus diesen Bereichen und deren Bedeutung für unsere Bewertung von „möglich“ und „unmöglich“.

Als Lehrbeispiel dient uns das Konzept der „Inneren Veränderungskompetenz“ (IVK).

Die „Innere Veränderungskompetenz“ ist die unterstützende Einstellung des Unbewussten zum Thema Veränderung.

Zu Beginn dieses Buches bedanke ich mich bei all den Wissenschaftlern, die es sich zur Aufgabe gemacht haben, uns Laien mit Informationen aus der Forschung zu versorgen. Ich bin voller Respekt für ihre Arbeit und dankbar für all die wunderbaren Erkenntnisse. Besonders hebe ich Dr. Dr. Gerald Hüther, Professor für Neurobiologie an der Universität Göttingen, Dr. Joachim Bauer, Professor am Universitätsklinikum Freiburg, und Dr. Dr. Manfred Spitzer, Professor an der Universität Ulm, hervor.

Ihre Arbeit hat es mir ermöglicht, die Ergebnisse aus der Neurobiologie für Sie, liebe Leserin, lieber Leser, noch um eine weitere Stufe nach unten zu transformieren.

Der Inhalt des Buches erhebt keinen wissenschaftlichen oder akademischen Anspruch.

Es geht mir darum, Ihre Neugierde zu wecken – für sich und die in Ihnen schlummernden Fähigkeiten.

Im Anhang finden Sie eine Literaturliste. Die angeführten Bücher sind wunderbar als Folgeliteratur zu diesem Buch geeignet.

Durch das ganze Buch hindurch wird Sie eine Figur namens Gasche (**Ga**briele **Sche**ndl-Gallhofer) begleiten. Gasche hilft Ihnen bei Ihren Schritten auf dem Weg der Veränderung.

Ich weiß, dass am Ende des Buches vieles, das für Sie im Moment unmöglich erscheint, absolut möglich sein wird!

Das Buch besteht aus zwei Teilen:

A) Theoriebuch

B) Praxisbuch

Bitte lesen Sie unbedingt als Erstes das Theoriebuch! Es ist die Grundlage für den Erfolg im Umgang mit dem Praxisbuch.

Das Theoriebuch

Wissen erweitert das Feld des Möglichen.

Gabriele Schendl-Gallhofer

Gasche und sein Gehirn

Das ist Gasche:

Gasche hat ein Gehirn. Doch das benutzt er nicht richtig!

Das ist das Gehirn von Gasche:

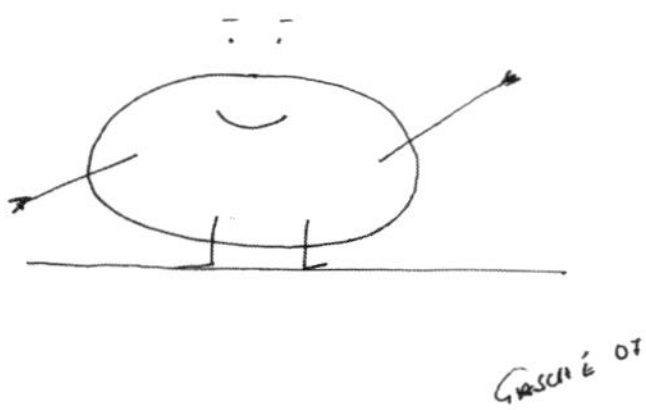

Gasche kümmert sich nicht um sein Gehirn. Somit macht das Gehirn einfach, was es will.

Das sind Wissenschaftler:

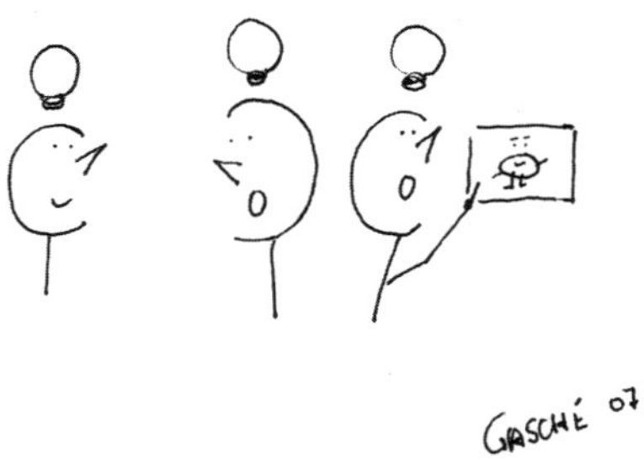

Genauer gesagt: Neurobiologen. Sie haben gerade in den letzten Jahren intensiv das Gehirn erforscht und können ganz viel über die richtige Verwendung des Gehirns erzählen.

Aber die reden so, dass Gasche sie nicht verstehen kann.

Das verwirrt Gasche.

Und weil Gasche es nicht verstehen kann, denkt er: „Das ist alles Blödsinn!“, weil sonst ER ja der Dumme wäre.

So lebt Gasche wie bisher, ohne das Gehirn zu beachten. Er ist davon überzeugt, dass sein bewusster Wille bestimmt.

Und das Gehirn? Es zieht weiter unbeirrt „sein Ding“ durch.

DAS GEHIRN ENTSCHEIDET!

Das Gehirn trifft die ENTSCHEIDUNGEN, welchen Weg Sie gehen.

Es ENTSCHEIDET, was gut und schlecht für Sie ist.

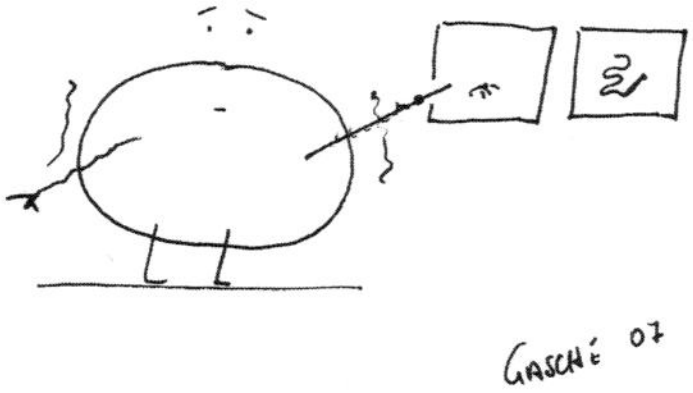

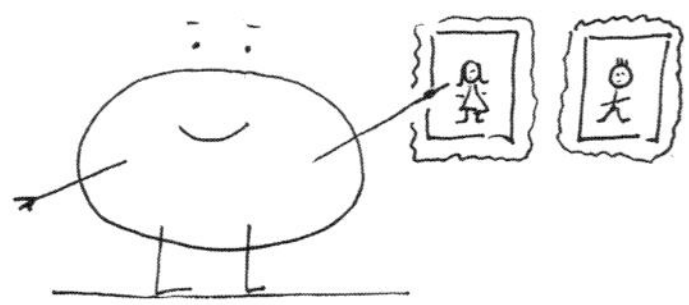

Das Gehirn ENTSCHEIDET, wovor Sie Angst haben.

Es ENTSCHEIDET, ob Sie eher wie die Mutter oder wie der Vater handeln.

Das Gehirn ENTSCHEIDET und ENTSCHEIDET ... und Gasche macht ...

Doch dann hört Gasche von einem Vortrag.

Er geht hin.

Dort ist eine Frau, die ihm endlich in verständlichen Worten erklären kann, wie toll sein Gehirn ist und was er damit alles machen kann.

Das freut Gasche – und das Gehirn.

Heute ENTSCHEIDEN BEIDE GEMEINSAM und führen ein Leben voller Freude, Erfolg und Gesundheit.

Wissenschaft und Bevölkerung

Wann haben Sie sich das letzte Mal mit der Struktur und der Arbeitsweise des Gehirns auseinandergesetzt?
In der Schule? Die Entwicklungen in der Forschung sind schnell und atemberaubend. So auch in der Hirnforschung (Neurobiologie).

Unser Wissen entspricht schon lange nicht mehr dem Stand der neuesten wissenschaftlichen Forschungen und deren Erkenntnissen.

Wie ist es dazu gekommen?
Zur Erklärung ein Zeitraster der wissenschaftlichen Entwicklungen:

100 000 Jahre lang	Gottheiten übernahmen die Verantwortung für Naturphänomene.
1000 n. Ch.	• Beginnendes Christentum • Bibliothek von Alexandria verbrannt • Wissen war Mangelware: Stagnation • Nur in Klöstern konnten Mönche lesen und schreiben: Kirche und Wissenschaft waren eins.
15. Jh.	• Erfindung des Buchdrucks durch Gutenberg: Wissen wurde vielen Menschen zugänglich. • Galileo Galilei zerstört altes Weltbild: Paradigmenwechsel • 2. Welle des Wissens beginnt: Renaissance

17. Jh.

- R. Descartes: „Cogito ergo sum."
  (Ich denke, also bin ich!)
  - Trennt Körper von Geist
  - Trennt Logik von Intuition
- Die Wissenschaft kann sich in diesem Kontext ausbreiten, weil der Kirche die Seele bleibt.

- Start für Naturwissenschaften, weil man Tiere zu Versuchszwecken verwenden darf: Sie waren ja nicht beseelt!

Wende 17./18. Jh.

- Isaac Newton: Logische Lehrsätze,
  Natur ist Mathematik
  - Beweisbarkeit an oberster Stelle
  - Methodik: Wissenschaftliches Instruieren
- DER MENSCH MACHTE SICH DIE ERDE UNTERTAN!

Hirnforschung:

1787: „Enorme Dunkelheit umgibt das menschliche Gehirn, wenn man die Funktion der vielen kleinen Apparate bestimmen möchte, aus denen es aufgebaut ist."

Michele Attumonelli, Professor für Physiologie in Neapel

1888

- Hertz: Materie ist nicht nur Teilchen, sondern auch Wellen.
  Die Wissenschaft schreit auf!

Hirnforschung:

1887: „Die Anatomie des inneren Baues ist dagegen und bleibt wahrscheinlich für immerdar ein mit sieben Siegeln verschlossenes und überdies noch in Hieroglyphen geschriebenes Buch."

Joseph Hyrtl, Universität Wien, über das Gehirn

---

20. Jh.	• Max Planck: Entdeckung der Quanten • Zerstörung des alten Weltbildes: Paradigmenwechsel Herausforderung: Dieser Paradigmenwechsel findet nur in den Wissenschaften statt und geht am Volk vorbei. Das Volk hat andere Interessen und Herausforderungen und ist froh, sich nicht auch noch mit diesem neuen Wissen auseinandersetzen zu müssen. So findet Wissenschaft nur noch im akademischen Kontext statt und entfernt sich immer mehr von der Allgemeinbevölkerung. Hirnforschung: *2. Hälfte des 20. Jh.:* *Es beginnt eine rasante Entwicklung in der Erforschung des Gehirns. Durch die Möglichkeiten des EEG und anderer bildgebender Methoden (PET, MRI) ist es möglich, die Strukturen des Gehirns im Einzelnen zu untersuchen und ihnen Fähigkeiten und Aufgaben zuzuordnen.*
21. Jh.	Hirnforschung: *Es gibt 20 Subdisziplinen in der Hirnforschung. Mehr als 10 000 Fachbegriffe, die nur Eingeweihte wirklich verstehen. Antonio Damasio (Hirnbiologe) beweist: „Ich fühle, also bin ich.“ Emotionen erhalten einen neuen Stellenwert.*

Das 20. Jh. hat die Menschen mit einer unvorstellbaren Fülle von Veränderungen überhäuft. Allein die Entwicklung auf dem Kommunikationssektor ist überwältigend. Die Menschen stöhnen unter den Anforderungen rasant aufeinanderfolgender Veränderungen. Wir ernten die Saat aus dem letzten Jahrhundert. Einschneidende Veränderungen werden von uns gefordert. Wir leben in einer Zeit, in der von uns wieder ein Paradigmenwechsel verlangt wird, obwohl die Bevölkerung den letzen noch nicht vollzogen hat. Wir stehen vor Herausforderungen, die wir mit dem Denken aus dem 17. Jahrhundert (mechanistisches Weltbild) nicht mehr annehmen können.

Jetzt ist es wichtig, den richtigen Schritt zu tun. In allen Bereichen der Gesellschaft und der Ethik ist vieles grundlegend zu verändern.

Als größte Umstellung im Denken, ist der Mensch aufgerufen Eigenverantwortung zu übernehmen. Das bedeutet Veränderung im Denken und Handeln. – Aber: Ist der Mensch dazu überhaupt fähig?

Ich behaupte: „Der Großteil der Bevölkerung ist dazu noch nicht in der Lage."

Ich verwende in meiner praktischen Arbeit ein Testsystem, das über den Aktivierungsgrad der „Inneren Veränderungskompetenz "(IVK) einer Person Auskunft gibt. In den letzten

Jahren hat sich gezeigt, dass kaum einer sein volles Potenzial nutzt. Wir bauen all die Konzepte, die unsere Welt auch für die nachfolgenden Generationen lebenswert machen sollen, nur oberflächlich auf. Erst die IVK des einzelnen Menschen führt zu einer nachhaltigen, wahrnehmbaren Umsetzung.

In diesem Buch stelle ich Ihnen den Lösungsansatz vor.

Die Ziele dieses Buches sind:

- ... Ihr Wissen über das Gehirn grob oberflächlich auf den neuesten Stand zu bringen.
- ... Ihnen das ungeheure Potenzial des Gehirns, das in Ihnen schlummert, zu verdeutlichen.
- ... Ihnen durch Wissen den Weg zu als unmöglich eingestuften Methoden zu öffnen.
- ... Ihnen deutlich zu machen, dass die Natur und wir Menschen demselben System angehören.
- ... Ihnen das Lesen weiterführender Literatur schmackhaft zu machen.

Die Herausforderung an dieses Buch:

Lernen kann nur stattfinden, wenn es im Gehirn Erinnerungen gibt, an die das Neue anknüpfen kann. Ohne Anknüpfungspunkte wird Neues aus dem Speicher gekippt.

Laut Dr. Dr. Gerald Hüther (Professor für Neurobiologie, Uni Göttingen) steckt das Gehirn in einem Dilemma:

Es muss einerseits offen sein, um äußere Veränderungen wahrzunehmen und darauf zu reagieren.
Andererseits geschlossen genug, um die innere Stabilität vor äußeren Einflüssen zu verteidigen.

Der Inhalt dieses Buches fordert Ihr Gehirn heraus. Es erkennt: „Meine Gewohnheiten sind gefährdet!“

Zuerst wird es all das Neue ad absurdum führen. Denn es will, dass alles so bleibt, wie es ist. Jetzt hat es die gewohnte und vertraute Position. Wer gibt die schon freiwillig her?

Der Aufbau dieses Buches berücksichtigt diesen Punkt. Fließen Sie mit Ihren Gedanken einfach mit.

Wenn Sie bemerken, dass Ihr Gehirn Ihnen einen Streich spielen will, dann lesen Sie „Gasche und sein Gehirn“ am Anfang des Buches (S. 10). Es hilft Ihrem Gehirn, sich daran zu erinnern: Sie sind ein Team!

Die Herausforderung, Neues in das bestehende Weltbild zu integrieren

Lernen baut auf Wissen auf. Also kramen wir ein bisschen in unserem Gedächtnis.

Was fällt Ihnen ein zum Thema Gehirn?

Vielleicht: Denken, Furchen, Mandelkern, Cortex, ein bestimmter Lehrer, Lernen ...

Schauen Sie bitte die Skizze an:

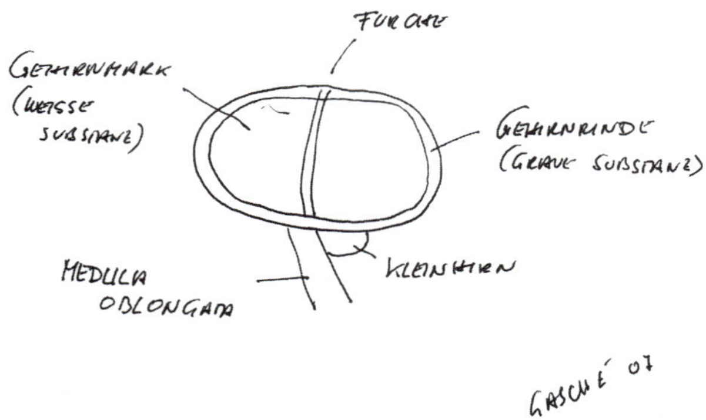

Erinnert Sie die Skizze an Ihr Schulheft? An welche Fakten können Sie sich noch erinnern?

Denken Sie an Veränderungen in Ihrem Leben. Lassen Sie ruhig auch Erlebnisse aus Ihrer Kindheit zu. Welche Folgen hatten diese Veränderungen für Ihren Lebenslauf?

Bitte nehmen Sie sich Zeit für das Aufrufen dieser Erfahrungen und Ihres Wissens. Das ist entscheidend für den optimalen Einsatz dieses Buches.

Der Grund:
Lernen funktioniert erst dann, wenn der neue Input wenigstens ein ähnliches Bild aus den Erfahrungswerten assoziieren kann.

> *„Neues muss also immer an bereits Vorhandenes anknüpfbar assoziierbar sein."*
>
> (Gerald Hüther, Inge Krens: *Das Geheimnis der ersten neun Monate,* Walter-Verlag, S. 21)

Ein Beispiel:

Vor vielen Jahren war ich sehr frustriert. Meine Klienten/-innen waren begeistert von der Arbeit mit mir. Nur war es für sie zu esoterisch, weil unfassbar. Ich erklärte ihnen ganz genau, was ich machte. Sie konnten es einfach nicht verstehen. Ich war am Verzweifeln! Bis mir eines Tages eine sehr gute Kollegin sagte: „Weißt du, Gabi, du warst doch Lehrerin. Deine Vorträge sind hervorragend, aber stell dir vor, du sprichst über das mathematische Wurzelziehen vor Schülern einer ersten Grundschulklasse." Dieser Tipp war entscheidend für meine weitere Arbeit.

Übrigens: Was mir da passiert ist, nennt man auch Berufsblindheit. Ich habe auf einem Gebiet spezialisiertes Wissen und setze es bei anderen voraus, wenn ich etwas erklären will. Großes Verwundern, wenn die Zuhörer/-innen mich dann nicht verstehen! Das kennen Sie doch bestimmt auch?

Mit dem Aufrufen der Erfahrungen und dem Wissen zum Thema Gehirn und Veränderung bereiten wir den Boden für das Lernen des Neuen in diesem Buch. Geben Sie sich und Ihrem Gehirn deshalb ausreichend Zeit für diesen Ausflug in die Vergangenheit.

Nutzen als Motivator

Warum soll ich mir dieses „Neue" überhaupt antun?

Diese Frage kennen Sie bestimmt aus der eigenen Schulzeit. Es ist wichtig, sie zu beantworten. Der Nutzen aktiviert die innere Motivation zum Lernen.

„... Wer sich auf einen schwierigen Weg macht, beginnt, sein Gehirn wesentlich komplexer, vielseitiger und intensiver zu benutzen als jemand, der selbstzufrieden dort stehen bleibt, wo er entweder zufälligerweise gelandet oder vom Druck oder vom Sog der Verhältnisse hingespült worden ist, bis er untergeht. Und da die Art und die Intensität der Nutzung des Gehirns darüber entscheidet, wie viele Verschaltungen sich zwischen den Milliarden von Nervenzellen ausbilden, trifft man mit der

Entscheidung, wie und wofür man sein Gehirn benutzen will, immer auch eine Entscheidung darüber, was für ein Gehirn man bekommt. Das ist eine recht unangenehme, weil äußerst unbequeme Erkenntnis, aber so funktioniert unser Gehirn nun einmal ..." (Gerald Hüther: *Bedienungsanleitung für ein menschliches Gehirn*, Vandenhoeck & Ruprecht, S. 119)

Das Geheimnis überaus erfolgreicher Menschen:

Sie nutzen schon das volle Potenzial ihres Gehirns.

Einige hatten das Glück, von Vorbildern zu lernen. Viele von ihnen haben sich diese Fähigkeit autodidaktisch beigebracht.

Denken Sie an einen der Urväter der mentalen Methoden, Dr. Joseph Murphy. Sein Buch „Die Macht Ihres Unterbewusstseins" erschien 1962! Darin schreibt er: „Warum ist das Leben des einen von Trauer überschattet, während das eines anderen von Glück erstrahlt? ... Warum reiht ein Mensch Erfolg an Erfolg, während ein anderer vom Regen in die Traufe gerät? ... Die Antwort auf diese und viele ähnliche Fragen liegt im Wesen und in der Funktion von Bewusstsein und Unterbewusstsein." (Dr. Joseph Murphy: *Die Macht Ihres Unterbewusstseins*, Heinrich Hugendubel Verlag, S. 17)

Für die Denkweise der damaligen Zeit war diese Aussage eine Provokation, die schnell in das Reich der Esoterik verbannt wurde. Mit unseren heutigen Erkenntnissen können wir diese Behauptung massiv bestätigen und unterstützen.

Mit dem Unbewussten zu arbeiten, ist nicht neu, aber heute können wir die Wirkung wissenschaftlich fundieren. Somit dürfen wir jetzt daran glauben!

Das ist Ihre Chance.

Wie Anthony Robbins (eines der „Urgesteine" der Trainer- und Coaching-Szene) in seinen Seminaren sagt: „You can change your life in one heartbeat!" („Du kannst dein Leben innerhalb eines Herzschlags verändern.") Das stimmt. In dem Moment, in dem Sie mit dem Lesen dieses Buches beginnen, beginnt die Veränderung. Es liegt an Ihnen, dranzubleiben!

Zusammenfassung

- Der Wissensstand der allgemeinen Bevölkerung hinkt dem aktuellen Wissensstand der Universitäten extrem hinterher. Die Bevölkerung hat bereits den Paradigmenwechsel zu Beginn des 20. Jahrhunderts nicht mitgemacht und hat so weder das Wissen noch die Erfahrung, die sie für den Paradigmenwechsel des 21. Jahrhunderts benötigen würde. Dieses Manko gilt es zu beseitigen. Der Paradigmenwechsel muss vollzogen werden, wenn wir die Welt auch noch für nachfolgende Generationen lebenswert erhalten wollen.
- Die Macht des Unbewussten ist uns empirisch schon lange bekannt: Dr. Joseph Murphy 1962.
- Wir bewerten noch vieles als unmöglich, weil wir es nach den Kriterien des Weltbilds aus dem 17. Jahrhundert klassifizieren. Die neuesten Erkenntnisse aus den Wissenschaften fordern uns auf, an die Macht des Unbewussten zu glauben.
- Um Neues zu lernen, muss es Anknüpfungspunkte in unserem aktuellen Wissensschatz geben.
- Der nächste Schritt in der Entwicklung des Menschen ist unattraktiv, denn er betrifft uns selbst. Wir sind aufgefordert, Eigenverantwortung für uns und unser Handeln zu übernehmen.
- Voraussetzung dafür: „Ich kann verändern!“ Das ist die Grundfähigkeit, um die notwendigen Veränderungen auch wirklich umsetzen zu können.

Die „Innere Veränderungs-kompetenz“ (IVK)

Im folgenden Kapitel wird Ihnen die IVK auf verschiedenen Ebenen erklärt, weil wir aus der Erfahrung und der Lernpsychologie wissen, dass Menschen neue Informationen unterschiedlich integrieren.

Erklärung der IVK über die Definition

Die „Innere Veränderungskompetenz“ ist die unterstützende Einstellung des Unbewussten zum Thema Veränderung.

Erklärung der IVK über Erfahrungen

Kommt Ihnen das bekannt vor?

Verändern mit großer Anstrengung.

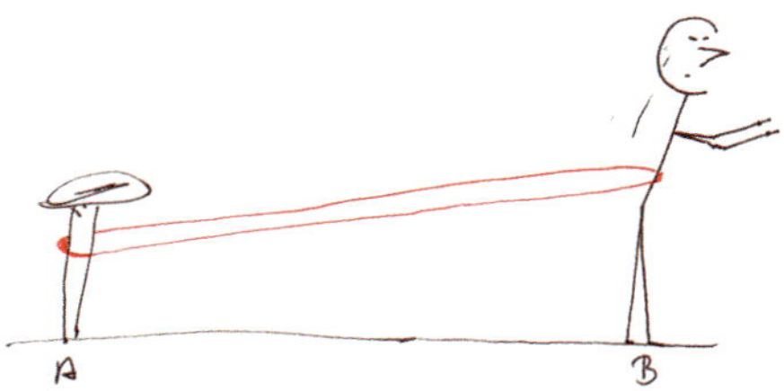

Oder das hier?

Sie können nur mit größter Anstrengung Ihre Zielposition halten.

Oder das hier?

Sie fallen wieder zurück in Ihre alte Gewohnheit.

Dann kennen Sie das Verändern mit Gummiband.

Das bedeutet: „Verändern ist ein Problem!“

Die Frage lautet: „Wo sind die Schwierigkeiten?“

Die Eigenschaften des Veränderungsprozesses: schwer und voll schlechtem Gewissen.

Ein Beispiel:

Vielleicht wollten Sie schon einmal eine Verhaltensweise von sich selbst verändern? Zum Beispiel: das Essverhalten, mit dem Rauchen aufhören, früher ins Bett gehen ...

- Am Anfang sind Sie motiviert – dann fällt das Durchhalten ein bisschen schwieriger.
- Vielleicht schaffen Sie es sogar, Ihr Ziel zu erreichen. Verzichten ganz auf das Rauchen, ernähren sich bewusst, haben einen gesunden Schlafrhythmus.
- Mit der Zeit fällt es Ihnen aber immer schwerer, die Veränderungen aufrechtzuerhalten. Die Versuchungen sind zu groß. Sie landen wieder dort, wo Sie angefangen haben. Sie ernähren sich wieder ungesund, Sie rauchen wieder, Sie leiden wieder unter Schlafmangel.

Das ist das Verändern mit Gummiband:
von vornherein zum Scheitern verurteilt.

Kommt Ihnen das bekannt vor?

Dauerhaftes Verändern mit Motivation.

Oder das hier?

Das neue Zielverhalten ist zur neuen Gewohnheit geworden.

Dann kennen Sie das Verändern mit der „Inneren Veränderungskompetenz“.

Das bedeutet: „Verändern ist eine Herausforderung.“

Die Frage lautet: „Wo ist die Chance?“

Die Eigenschaften des Veränderungsprozesses: leicht und mit Spaß.

Um das vorhergehende Beispiel zu verwenden:

> Sie haben zu Beginn des Veränderungsprozesses eine erfolgsorientierte Haltung. Sie finden Methoden, wie Coaching, Akupunktur, die Ihnen wirklich helfen, Ihr Ziel zu erreichen. Es gibt keine „Versuchungen".
>
> Und das Entscheidende: Sie bleiben im erreichten Zustand, weil er von jetzt an für Sie als „Gewohnheit" abgespeichert ist. Das bedeutet: Sie bleiben Nichtraucher, ernähren sich bewusst, haben gesunde Schlafgewohnheiten.
>
> Das ist das Verändern mit aktivierter „Innerer Veränderungskompetenz". Von vornherein auf Erfolg programmiert.

Aus der Praxis:

Meistens kennen wir in unserem Leben beide Varianten der oben gezeigten Veränderungsverhalten. Manche Veränderungsvorhaben lösen wir einfach und zügig. Die Chance wird ergriffen und erfolgreich umgesetzt. Manchmal wiederum sind wir in Veränderungssituationen schwerfällig, und es stechen eher die Probleme als die Chancen heraus.

Wie sehen Sie sich?

Erklärung der IVK über ihren Nutzen

„Zu neuen Ufern aufbrechen“:

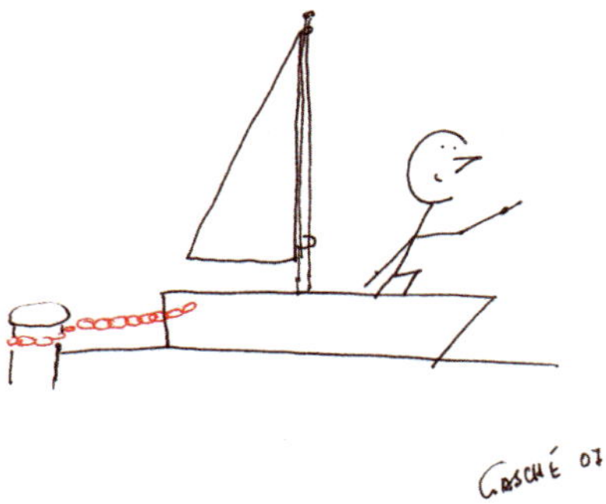

Ohne „Innere Veränderungskompetenz“: Sie haben vergessen, das Tau zu lösen.

Aus dem Hafen des „Eigentlich-Wollens“ kommen Sie wohl nie hinaus.

Mit erlernter „Innerer Veränderungskompetenz“ lösen Sie die Taue.

Volle Fahrt! – Auf zu neuen Ufern!

„Etwas Neues säen“:

Ohne „Innere Veränderungskompetenz“: Ihre Gedanken sind voller Unkraut („Wenns und Abers ...“).

Auf diesem Feld kann gar keine neue Veränderung wurzeln.

Mit erlernter „Innerer Veränderungskompetenz“:
Der Boden ist bereit und fruchtbar.

Die Veränderungen wachsen schnell und sind ertragreich.

Erklärung der IVK über eine Metapher

Der Regenschirmträger

Zwei Menschen erhielten gleichzeitig den Auftrag, wichtige, zerbrechliche und nässeempfindliche Post in die Stadt zu bringen.

Der eine Mensch, ich nenne ihn den Schirmträger, sagte: „Gut, lass uns losmarschieren!“, und nahm einen großen Schirm aus der Ecke.

„Schaut euch den an!“, lachte der andere, ich nenne ihn den Spötter. „Jetzt soll er die Post sicher und vor allem schnell abliefern und schleppt sich noch zusätzlich mit einem Schirm ab. Na, das würde ich mir ja nicht antun. Außerdem hat mich bis jetzt noch nie ein Regenguss erwischt.“

Der Schirmträger blieb ruhig, lächelte aber weise.

Beide machten sich nun mit ihrer heiklen Fracht auf den Weg. Die Sonne schien auf die Männer herab und sie gingen zufrieden vor sich hin. Plötzlich bemerkte der Schirmträger, wie sein Mitstreiter begann, langsamer zu gehen, und sich ängstlich umsah. „Was ist denn mit dir los? Pass doch auf!“ Fast wäre der Spötter über einen Stein gestolpert, weil er so besorgt zum Himmel schaute. „Die Wolken gefallen mir gar nicht! Hoffentlich fängt es nicht zu regnen an“, seufzte der Spötter.

Der Schirmträger lächelte. Ihn konnte das gar nicht beunruhigen, denn er hatte ja einen großen Schirm dabei.

Der Spötter blieb voller Angst stehen und verlor so den Anschluss zum Schirmträger. Er quälte sich umständlich, um beim Einsetzen des Regens wenigstens einen Teil des Paketes unter seiner Jacke bergen zu können. Vergeblich. Plötzlich spürte er die ersten Tropfen. Sein Gesicht verzerrte sich. „Mein Paket darf nicht nass werden, das wäre eine Katastrophe!", sprach er zu sich.

Er begann, zu laufen. Gehetzt und völlig außer Atem lief er am Schirmträger vorbei. Ich brauche nicht zu erwähnen, dass dieser bereits längst seinen Schirm aufgespannt hatte und im flotten, stetigen Schritt sein Ziel anstrebte.

„Lauf, lauf, du schaffst es!", stachelte sich der Spötter selbst an. Doch es kam, wie es kommen musste. Ein Moment der Erschöpfung ließ ihn einen Stein vor sich übersehen und er stürzte zu Boden. Er hörte nur noch das Klirren des zerbrechenden Paketinhaltes, bevor er ohnmächtig zusammensackte.

Der Schirmträger blickte mitleidig auf seinen Kontrahenten und brachte sein Paket wohlbeschirmt und guten Mutes sicher ans Ziel.

Merke: Wenn ich weiß, dass ich auf Veränderungen adäquat reagieren kann, habe ich weniger Stress und mehr Lebensfreude. Beides wirkt sich positiv auf meinen Erfolg und meine Gesundheit aus.

Gefühle, Emotionen und Veränderung

„Ich will mich doch verändern. Ich verstehe nicht, warum das nicht funktioniert!“

Schauen Sie sich nochmals die Beispiele an: Wenn Sie das losgebundene Schiff sehen (S. 31) oder die Leichtigkeit des Aussäens, wenn der Acker vorbereitet ist (S. 32) ... Welche Gefühle weckt das in Ihnen?

Lesen Sie bitte die Geschichte „Der Regenschirmträger“ (S. 33) nochmals durch. Sie kennen diese Situation bestimmt aus Ihrem eigenen Leben. Was ist das für ein Gefühl? Sie gehen spazieren, das Wetter ist unsicher und wechselhaft, und Sie wissen, dass Sie einen Schirm dabei haben.

Gefühl und Emotion, veralterte Begriffe aus der Romantik? Sie passen nicht in unsere moderne Zeit? Geirrt, weit gefehlt, völlig falsch!

Emotionen sind die wirkliche Kraft des Unbewussten.

Verstand versus Emotion?

„... tatsächlich sind Emotionen dem Verstand vorgelagert – sie haben ihren Sitz in einer tieferen Gehirnstruktur und sind daher immer früher informiert. Der Verstand ist nicht nur einen Tick langsamer, er könnte ohne Emotionen überhaupt nicht arbeiten. Patienten, deren Hirn in emotionsorientierten Arealen Schädigungen erlitten hat, sind des klaren Denkens und Handelns nicht mehr fähig." Dieses Zitat stammt aus einem Buch von Arvid Leyh (*Wenn die Liebe Kopf steht*, Verlag Junfermann, S. 76). Seine Bücher, wie zum Beispiel *Nur in deinem Kopf*, sind als Anschlussliteratur zu diesem Buch sehr empfehlenswert! (siehe Literaturliste im Anhang).

Gefühle sind mächtiger als der Verstand. Das Gefühl entscheidet, ob ich erfolgreich verändern kann oder nicht.

Nehmen wir das Erlernen einer Fremdsprache, zum Beispiel Englisch.

Erinnerungen an das Erlernen einer Sprache:

Ich hasste meinen Lehrer, hatte schlechte Noten, war unbeliebt bei den Klassenkameraden ...

Andere Erinnerungen an das Erlernen einer Sprache:

Sprachen waren mein Lieblingsfach, ich hatte einen sensationellen Lehrer, war sehr beliebt in der Klasse ...

Haben Sie es bemerkt? Diese Erinnerungen wecken Gefühle. Was glauben Sie, welche von den oben beschriebenen Erinnerungen wecken ein Gefühl, das eher zum Ziel führt?

Der amerikanische Neurobiologe Prof. Dr. Antonio Damasio gilt als der Pionier auf dem Gebiet der Emotionsforschung. Er konnte anhand von Pathologien und deren Auswirkungen auf das Verhalten des Patienten beweisen, dass es keinen Gedanken ohne Gefühl gibt. Damasio konnte als Erster belegen, dass Gefühle jede Entscheidung beeinflussen. Patienten, die aus pathologischen Gründen keinen Zugriff mehr auf ihre Emotionen hatten, konnten keine sinnvollen Entscheidungen mehr treffen. Das ist spannend zu lesen, aber erst, wenn Sie sich schon ein bisschen intensiver mit der Neurobiologie auseinandergesetzt haben: Antonio R. Damasio: *Der Spinoza-Effekt – Wie Gefühle unser Leben bestimmen*, (List-Verlag).

Damasio sagt: „Ich fühle, also bin ich!" Im Unterschied zu Descartes, der gesagt hat: „Ich denke, also bin ich!"

Und jetzt die Wahrheit:
Es gibt weder einen rationalen Gedanken noch eine rationale Entscheidung! – Das gilt für Frauen UND Männer.

Fakten zur „Inneren Veränderungskompetenz"

Eine althergebrachte Annahme ist:

„Die ‚Innere Veränderungskompetenz' wird uns in die Wiege gelegt." Falsch! Leider nicht!

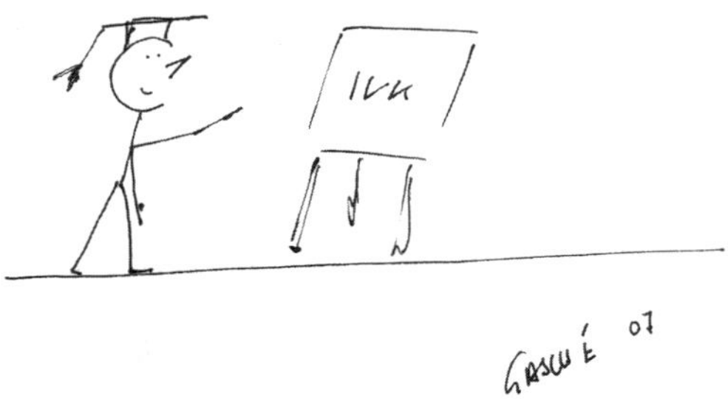

Richtig:

Die „Innere Veränderungskompetenz" ist erlernbar.

Althergebrachte Annahme:

„Wir beginnen bereits ab dem Alter von 20 Jahren, Hirnzellen abzubauen. Ein Prozess, der sich bis ins hohe Alter fortsetzt." Diese Aussage ist falsch!

Richtig:

Dank der Neurobiologen wissen wir von der Plastizität des Gehirns.

„Wir können unsere Hirnstrukturen in jedem Alter verändern. Das bedeutet auch, dass wir in jedem Alter lernen können." Im Alter haben wir noch den zusätzlichen Vorteil, dass wir auf einen umfangreichen Wissensschatz aufbauen können.

Der Veränderungsprozess

Wie funktionieren die Abläufe „sich verändern" und „auf eine Veränderung reagieren"?

Allgemein bedeutet für uns Veränderung, ...

A..B

... von einem Ausgangspunkt „A" zu einem Zielpunkt „B" zu gehen. Dieses Modell erlaubt uns noch nicht das Erkennen der wirklichen, entscheidenden Herausforderung im Verändern.

Spannende Erklärungen liefert uns ein anderes Modell: die Kybernetik.

Die Kybernetik deckt Bezüge in einem System auf:

Wenn, dann ...

Ein Beispiel:

Es ist kurz vor Ladenschluss und Sie erwarten Gäste zu einem gemeinsamen Abendessen. Plötzlich bemerken Sie, dass Brot fehlt! Sie laufen zum Laden.

Nun gibt es verschiedene Möglichkeiten, die den weiteren Verlauf bestimmen:

Es gibt kein Brot mehr ...

Es gibt Brot ...

Wie unterschiedlich wirken sich diese beiden Umstände auf den Verlauf des weiteren Abends aus? Auf Sie selbst, auf die Gäste, auf das, was diese anderen Menschen erzählen werden?
Wie wirkt sich das, was die anderen nun wissen, wieder auf Sie aus, usw.?

Verändern als vernetztes System?

In diesem Modell wird uns sichtbar gemacht, wovon es abhängt, ob wir eine Veränderung erfolgreich umsetzen oder an ihr scheitern. Sehen Sie selbst.

Nehmen wir wieder das uns vertraute Beispiel:

A...B
Ich kann kein Englisch. Ich kann Englisch.

Der Veränderungsprozess als vernetztes System:

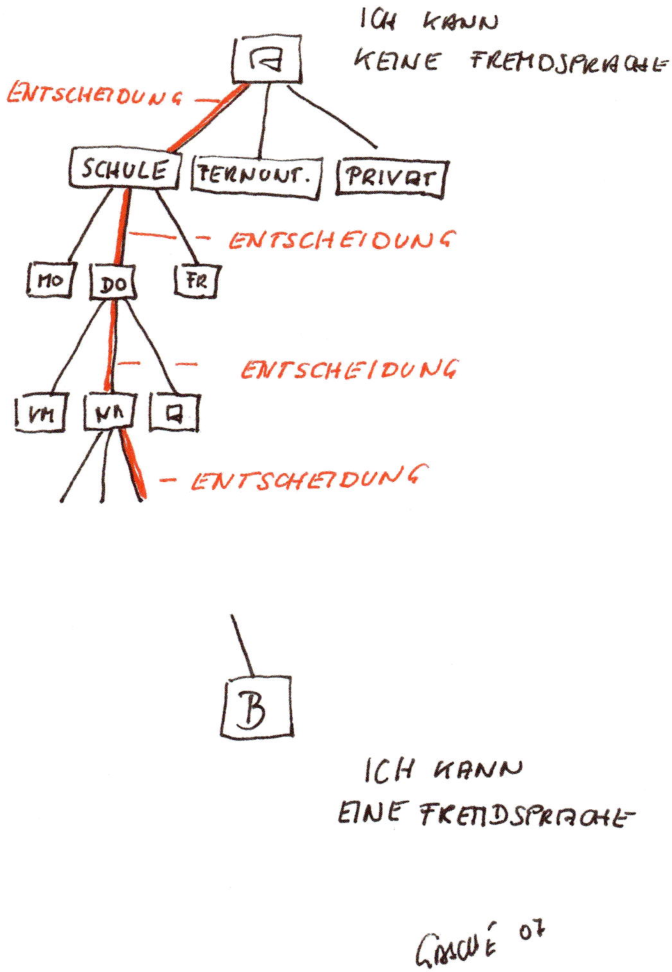

Betrachten wir das dargestellte Netz auf Seite 41.

Sie wollen eine Fremdsprache lernen und stellen sich folgende Frage: Besuche ich eine Schule, einen Fernkurs oder nehme ich Privatunterricht?

Nehmen wir an, der ENTSCHEIDER sagt: Schule. Dann geht es darum, die richtige Schule zu finden, außerdem den besten Tag auszuwählen, Lernzeiten einzubauen etc. Bis Sie an Ihrem Ziel angekommen sind, hat der ENTSCHEIDER unzählige Entscheidungen getroffen, die schlussendlich bestimmen, ob Sie „im Spiel“ bleiben oder aufhören, bevor Sie am Ziel sind.

Sie erkennen also: Veränderungsprozesse sind geprägt von Entscheidungen!

Was glauben Sie?

Worin liegt der Unterschied im Ablauf des Veränderungsprozesses, wenn ich innerlich veränderungskompetent bin oder nicht?

An der Stelle, wo ich aufhöre, die Sprache zu lernen, war der ENTSCHEIDER nicht veränderungskompetent genug.

Ja, genau! Wenn ich veränderungs-kompetent bin, dann wählt der ENTSCHEIDER immer die Möglichkeit, die mich im Erfolgsnetz bleiben lässt.

Vergleichen Sie das jetzt nochmals mit den Absatz über „Gefühle, Emotionen und Veränderung“ auf S. 35. Erkennen Sie die Verbindung? Ohne Emotion keine logische Entscheidung. Viele Menschen behaupten von sich, dass sie emotionslos, rational entscheiden. Emotionen haben nur „Weicheier“. Wie bitte?

Wann beginnen wir, etwas zu verändern?

Aus der Verhaltenspsychologie wissen wir, dass auch das Wann ENTSCHIEDEN werden muss!

Das sind die Voraussetzungen:

A...	B
genügend Leidensdruck	ausreichend Hoffnung

Bleiben wir bei dem Beispiel „Sprachen erlernen“:

A...	B
Ausgangslage wäre eine Mobbing-Situation, die in mir Leidensdruck erzeugt: „Ich halte das jetzt nicht mehr aus!“	Macht mir ausreichend Hoffnung auf eine Lösungsmöglichkeit: „Mit Englisch erfülle ich endlich die Voraussetzung, um in die andere Abteilung versetzt zu werden.“

Die Tücke mit dem „Leidensdruck“: Es ist individuell verschieden, wie viel Leidensdruck jemand aushält, bevor er handelt.
Es gibt nach oben kein Grenzen! Sie kennen bestimmt Menschen, bei denen Sie denken: „Warum verändert der nichts an seiner Situation? Ich könnte das nicht ertragen.“ Dieser Mensch schon!

Aus der Praxis:

Meistens sieht der ENTSCHEIDER noch zu viel Positives an der momentanen Situation: „Eigentlich geht es mir ja gut ..."

Manchmal fehlt auch der Hoffnungsschimmer auf eine erfolgreiche Lösung: „Das ist nun einmal so. Da kann man nichts ändern!"

Wichtig: Es braucht immer beides!

Nur genügend Leidensdruck UND ausreichend Hoffnung lassen uns aktiv mit einer Veränderung beginnen.

Der ENTSCHEIDER bestimmt auch, wie wir mit Veränderungsanforderungen von außen umgehen. Das sieht dann folgendermaßen aus: Ausgangslage: Der Mensch muss von der Firma aus Englisch lernen.

Der ENTSCHEIDER ist nicht veränderungskompetent.

Der Mensch sieht nur die **Probleme**, die aus dieser Veränderungssituation entstehen: „In meinem Alter kann man das nicht mehr lernen; wo soll ich die Zeit hernehmen; dann muss ich vielleicht noch auf meinen Urlaub verzichten ..."

Der ENTSCHEIDER ist veränderungskompetent.

Der Mensch sieht die **Chancen und Möglichkeiten**, die sich ihm bieten:

„Gut, dass man auch im Alter lernen kann; mal schauen, wie ich mir die Zeit dann anders einteilen kann; ich werde dann besser qualifiziert sein, wenn ich einen neuen Job finden will ..."

In diesem Zusammenhang ein Zitat, das Ihnen noch einmal an anderer Stelle in diesem Buch begegnen wird:

„Wenn der Wind der Veränderung weht, ...

... dann bauen die einen Mauern ...

(Der ENTSCHEIDER ist nicht veränderungs-kompetent.)

... und die anderen fliegen mit ihm zu neuen Ufern!"

(Der ENTSCHEIDER ist veränderungskompetent.)

Der ENTSCHEIDER

Wir haben die ganze Zeit vom „ENTSCHEIDER" gesprochen.
Sie können sicher die einflussreiche Rolle wahrnehmen, die der ENTSCHEIDER in Ihrem Leben spielt.

Wer ist der ENTSCHEIDER?

ICH natürlich!?

Dazu eine Definition des „Ichs" von Gerhard Roth, Prof. für Verhaltenspsychologie an der Universität Bremen und Rektor des Hanse-Wissenschaftskollegs (*Gehirn und Geist,* 1-2/2006, „Ich, Es, Über-Ich"):

„Das ‚Ich' erlebt sich selbst zwar als Ursprung seiner Wünsche und Gedanken wie auch als Verursacher seines Handelns.
Es fühlt sich frei, von keinen Faktoren außer ihm selbst kausal bedingt, und meint, in vielen Dingen anders agieren zu können, wenn es nur wollte. Da aber Bewusstsein an corticale Aktivitäten gebunden ist, kann das ‚Ich' die Einflüsse des subcorticalen limbischen Systems nicht zurückverfolgen – sie wären sonst nicht unbewusst."

Der ENTSCHEIDER ist das UNBEWUSSTE!

Diese Tatsache gilt es zu verdauen. Überlegen Sie: Das ist unsere große Chance. Wir wissen nun, wo wir ansetzen können!

Erinnern Sie sich an die Aussage auf S. 35 im Zusammenhang mit den Gefühlen:
„Ich will mich doch verändern. Ich verstehe nicht, warum das nicht funktioniert!"

Verstehen Sie es jetzt?

Die Antwort:
Die Veränderung funktioniert nicht, weil der ENTSCHEIDER, also Ihr Unbewusstes, nicht mitziehen will, nicht veränderungskompetent ist. In dieser Veränderungssituation fehlt Ihnen die „Innere Veränderungskompetenz".

Nochmals die Definition der IVK:
Die „Innere Veränderungskompetenz" ist die unterstützende Einstellung des Unbewussten zum Thema Veränderung.

Daraus folgt:
Ich stehe vor einer Veränderungssituation (eine neue Fähigkeit lernen, Heirat, ein Kind bekommen, Karrieresprung ...):

1. Schritt:
Ich frage mein Unbewusstes, den ENTSCHEIDER, wie es zur aktuellen Veränderung eingestellt ist.

2. Schritt:
Dank der Plastizität des Gehirns und mentaler Methoden ist es mir dann möglich, die Strukturen im Gehirn so umzubauen, dass mein Unbewusstes veränderungskompetent ist. Es unterstützt die anhaltende Umsetzung meines Vorhabens.

Denken Sie bitte nochmals an die Grundvoraussetzungen des aktiven Lernens:
„Neues Wissen muss direkt an altes Wissen anknüpfen können."

Neues Wissen über die Funktion des Gehirns

(In diesem Buch sehr rudimentär behandelt. Ihr Wissen können Sie dann individuell erweitern. Dazu gibt es meine Buchempfehlungen!)

Das ist der Link – von ihrem jetzigen Wissen über das Gehirn – zur Anwendung der IVK.

Dann erst KÖNNEN Sie das volle Ausmaß der Bedeutung der IVK wahrnehmen. – Das erlaubt Ihnen, die IVK zu Ihrem Wohl zu nutzen.

Stellen Sie sich vor: Sie wollen etwas in Ihrem Leben verändern und ALLE machen mit!

Also, nichts wie los! Stürzen wir uns in das Abenteuer Gehirn. Herausfordernder als jede Abenteuerreise und spannender als jeder Krimi!

Zusammenfassung

- Um Veränderungen erfolgreich umsetzen zu können und auf Veränderungen von außen aktiv zu reagieren, benötigt es die Fähigkeit der „Inneren Veränderungskompetenz“. Sie ist nicht angeboren, aber erlernbar.
- Grundvoraussetzung ist, dass wir selbst Veränderungsprozesse einläuten, aufgrund eines individuell genügenden Leidensdrucks und der individuell ausreichenden Hoffnung.
- Verändern ist ein ständiger Entscheidungsprozess. Der ENTSCHEIDER ist das „Unbewusste“.
- Zum Verständnis dieser Aussage bringen wir unser aktuelles Wissen über das Gehirn (rudimentär) auf den Stand der heutigen Erkenntnisse der Neurobiologie. Das ist der Link von Ihrem momentanen Wissensstand zur Glaubhaftigkeit der Aussage über die Macht des Unbewussten.

Wissenschaftliches zu Gehirn und Unbewusstem

Die Eckdaten Ihres Gehirns:

- Größe: beide Faustballen zusammen
- Durchschnittliches Gewicht: 1,3 kg bis 1,5 kg
- 100 Milliarden Gehirnzellen
- Ein Neuron ist im Durchschnitt mit 10 000 bis 20 000 anderen Neuronen verbunden.
- Nerven leiten Signale in einer Geschwindigkeit von 400 km/h.
- Man schätzt, dass in jeder Minute zwischen 100 000 und 1 000 000 verschiedener chemischer Prozesse im Hirn ablaufen.

Die Evolution hat das Gehirn in drei Etappen aufgebaut. Immer, wenn das aktuelle Gehirn mit den Umweltbedingungen überlastet worden wäre, bekam der Mensch freundlicherweise einen neuen Teil dazu. Die Bedeutung liegt auf dem „dazu". Das heißt, auch die alten Teile, die zu Zeiten des Urmenschen mit ihren Funktionen wichtig waren, sind immer noch aktiv. Sie spielen uns so manchen unbewussten Streich. Zum Beispiel im Bereich der Emotion „Angst".

Eine kurze Beschreibung über die Bedeutung dieser drei Teile:

Stammhirn:

- 500 Millionen Jahre alt
- Funktioniert teilweise noch so wie in Urzeiten (Fight-or-flight-Reaktion), also nur pure Reaktion, z. B. Reaktion auf heiße Herdplatte

Limbisches System:

- 200-300 Millionen Jahre alt
- Amygdala (Mandelkern): bewertet gut oder schlecht
- Nucleus accumbens: sucht das Positive

    Sinneswahrnehmungen, wie zum Beispiel Schokolade oder Ferrari, lassen ihn körpereigene Endorphine (Glückshormone) bilden.

- Hippocampus: Kurzzeitgedächtnis; aktiviert Speicherungsvorgang ins Langzeitgedächtnis

Cortex:

- 200 Millionen Jahre alt
- Erinnerungen, Ziele, Träume, Erfahrungen ... kurz gesagt, unser ganzes Leben ist dort gespeichert.
- Macht uns zum Menschen

Der Informationsfluss im Gehirn in Veränderungssituationen

Auf S. 19 ist zu lesen: „Der Inhalt des Buches fordert Ihr Gehirn heraus."

Hier nun die wissenschaftliche Erklärung:
Das Gehirn lernt sehr gerne, aber Neues erzeugt auch Angst.

Das „Neue" bedeutet eventuell, alte Gewohnheiten, Strategien, Glaubensätze loslassen zu müssen. Vielleicht birgt dies auch wirklich eine potenzielle Gefahr.

Deshalb sind die ersten Fragen: „Wo ist Gefahr?" – „Wovor muss ich Angst haben?"

Erinnern Sie sich an das systemische Netz von S. 41.

Dieses Netz gilt auch für den Umgang mit der Angst beziehungsweise der Gefahr.

Bei jeder Veränderung muss der ENTSCHEIDER, das Unbewusste, folgende Fragen beantworten:

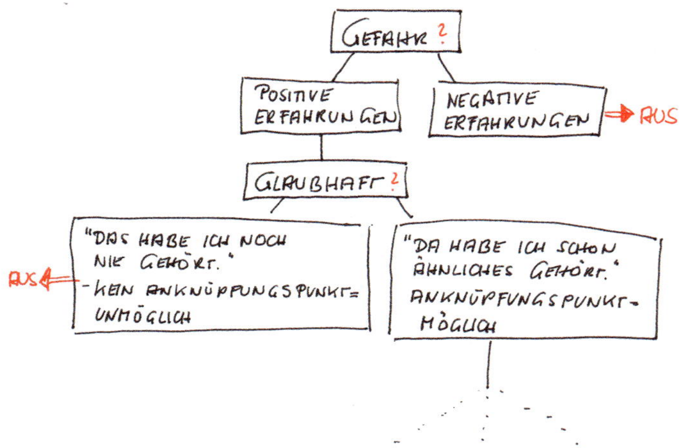

Jede Veränderung muss diese erste Schwelle überwinden. Die Herausforderung stellt dabei das erweiterte Gehirn.

Vor Millionen von Jahren war diese Angst ein Reflex im Reptiliengehirn. Dieser verhinderte, dass der Urzeitmensch in jede Falle einfach hineinlief. Ein Reflex wird zum Beispiel geprüft, wenn der Arzt mit dem Hämmerchen an das Knie klopft. Sie wissen, der Fuß schnellt kurz hoch und geht dann wieder in seine Ausgangsposition zurück. So war das auch mit der Angst. Sie versetzte uns nur KURZ in einen Zustand der höchsten Aufmerksamkeit: Der Fokus war auf Gefahr (ein Problem) ausgerichtet.

Dann ging es wieder in den Ausgangszustand zurück.

Unser erweitertes Gehirn allerdings beginnt Informationen zum Thema Angst abzurufen. So kann sich Angst manifestieren und zum Abblocken der Veränderung führen.

Diese ENTSCHEIDUNG trifft das Unbewusste in Sekundenschnelle.

Denken Sie an das Beispiel mit der Erfahrung des Erlernens von Sprachen:
Erfahrung: schlechte Noten, furchtbare Lehrer ...
Erfahrung: gute Noten, optimale Lehrer ...
Welches System wird die Veränderung (Englisch lernen) über die Gefahren-/Angstschwelle lassen?

Zur Erklärung dieses Entscheidungsablaufs

Die Diskussionsrunde im Gehirn

Diese Diskussionsrunde findet nicht nur während der Angstphase statt, sondern begleitet den ganzen Veränderungsablauf. Bei jeder Entscheidung bringen die einzelnen Hirnteile ihren Input mit ein, und daraus entsteht die bewusste Handlung: Eine gewichtige Rolle in der Diskussion spielt das Bauchhirn.

Die Erforschung des Bauchhirns steckt noch in den Kinderschuhen. Was wir jetzt bereits wissen, lässt uns aber aufhorchen.

Bauchhirn :

- Erstmals entdeckt in den 20er Jahren des letzten Jahrhunderts
- Wird derzeit noch weiter intensiv erforscht

Was man schon weiß:

- Bauchhirn und Gehirn sind strukturell sehr ähnlich aufgebaut.
- Das Bauchhirn hat ungefähr gleich viele Neuronen wie das Rückenmark.
- Es wird bei Sinneswahrnehmungen aktiviert, wie das Gehirn selbst.
- Es kann Emotionen hervorrufen.
- Degenerative Erkrankungen (z. B. Alzheimer) zeigen sich in der Struktur des Gehirns und des Bauchhirns.
- In den Fachzeitschriften werden laufend neue Erkenntnisse publiziert. Es lohnt sich, diese zu verfolgen. Sehr interessant ist der Artikel in *GEO*, 11/00, „Wie der Bauch den Kopf bestimmt".

Die Diskussionsrunde:

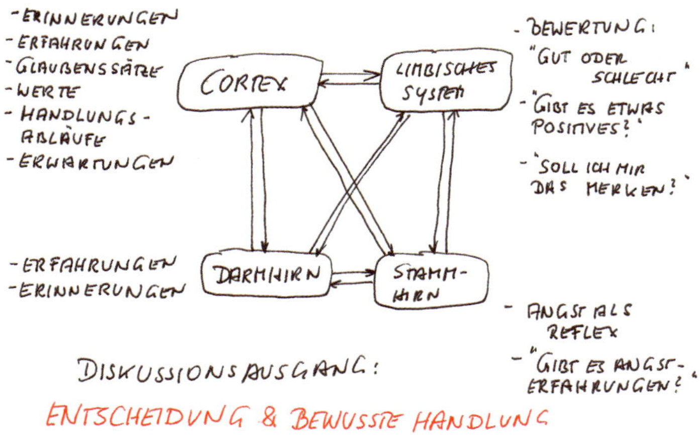

Von diesen Diskussionen nehmen wir bewusst nichts wahr! Sie erzeugen aber unsere so genannten „bewussten Handlungen".

Damit können Sie jetzt die Behauptung von S. 49 verstehen:

Das Unbewusste ist der ENTSCHEIDER unserer bewussten Handlungen.

Die Bedeutung des Unbewussten in Veränderungsabläufen

Der Stärkere entscheidet:

Das Unbewusste ist bedeutend mächtiger als das Bewusste. Zum Verständnis kann man sich diese Mächtigkeit in der Relation 9:1 vorstellen. Dadurch ist es der „Leader“ bei den Entscheidungen. Das Unbewusste, beziehungsweise dessen Inhalte, ist dafür verantwortlich, dass wir eine anstehende Veränderung auch tatsächlich umsetzen oder dass diese im Sande verläuft.

Daraus folgt: Es ist wichtig, wie sich das Unbewusste zur Veränderung stellt!

Unbewusstes OHNE „Innere Veränderungskompetenz“ ...

Das bedeutet: verändern mit Widerstand, Uneffektivität und Lustlosigkeit.

Unbewusstes MIT „Innerer Veränderungs-kompetenz" ...

Das bedeutet: verändern mit Kraft, Effektivität und Freude.

Doch woher kommen die Inhalte des Unbewussten, die die Grundlage der Diskussion bilden?

Wer „füttert" das Unbewusste?

Die Umwelt mit all ihren Informationen

Unser Gehirn ist noch nicht fertig, wenn wir auf die Welt kommen. Es ist vor allem so vernetzt, dass es alle lebenserhaltenden Funktionen steuern kann. Bereits im Mutterleib beginnt der Mensch, beeinflusst von seiner Umwelt, zu lernen.

Ein Beispiel:

Ein Kind, das bereits im Mutterleib am Abend eine bestimmte Melodie hört, schläft als Baby mit dieser Musik leichter ein. Auch Vorlieben hinsichtlich des Geschmacks bilden sich bereits im Mutterleib.

Dreidimensionaler Ultraschall zeigt, dass Babys angewidert den Mund verziehen, wenn ihnen das Fruchtwasser gerade nicht schmeckt.

Wissenschaftler haben erst in den letzten Jahren begonnen, sich mit pränatalen Prägungen auseinanderzusetzen.
Ihre bisherigen Resultate sind aber bereits umwerfend (Gerald Hüther, Inge Krens: *Das Geheimnis der ersten neun Monate*, Walter-Verlag)!

Wir können sagen, dass bereits vorgeburtliche Erfahrungen den ENTSCHEIDER, also das Unbewusste, in seinen Handlungen mit beeinflussen.

Die stärksten Prägungen finden bis zu einem Alter von drei Jahren statt. Wirklich abgeschlossen sind sie nie. In jedem Alter können neue Erfahrungen im Unbewussten gespeichert werden.

Den berühmten „Rucksack“ oder das „Pinkerl“, den/das wir laut Volksmund alle tragen, gibt es im übertragenen Sinn also wirklich.

Das ist Gasche mit seinem „Rucksack“.

Was da wohl im Rucksack ist?

Vielleicht fallen Ihnen ein paar Inhalte Ihres Rucksacks ein.

Ein erster interessanter Versuch zu Beginn:
Welche Zitate kennen Sie von daheim zum Thema „Veränderung“?

Eine kleine Anregung: „Was Hänschen nicht lernt, lernt Hans nimmermehr.“ „Was Besseres kommt nie nach.“ „Schuster bleib bei deinen Leisten.“

Oder vielleicht eher: „Endlich weht ein frischer Wind.“
„Neue Besen kehren gut.“

Was glauben Sie, wie unterschiedlich diese Worte den ENTSCHEIDER (das Unbewusste) wirken lassen?

Gibt es vielleicht ein Zitat, das Sie auch in Ihrem aktuellen Wortschatz haben?

Noch eine interessante, aufschlussreiche Frage:

Welche Folgen hatten Veränderungen in Ihrer Kindheit?

Zum Beispiel:

Eine Familie zieht um.
Das Kind hatte einen
wunderbaren Freundeskreis.
In seiner neuen Umgebung
findet es kaum Anschluss.
Die Familie wird
nicht akzeptiert.

Eine andere Familie zieht um.
Das Kind hatte auch einen
wunderbaren Freundeskreis.
Es findet aber in der neuen
Umgebung sofort Anschluss.
Die ganze Familie fühlt sich
am neuen Ort akzeptiert und
gut aufgenommen.

Was glauben Sie, welches der Kinder wird als Erwachsener besser auf Veränderungen reagieren?

Wir erleben, hören und sehen vieles im Laufe unserer Kindheit und auch unseres Lebens. Jede Einzelheit zu speichern, würde selbst unser Gehirn überfordern.

Sie kennen bestimmt auch Ereignisse aus Ihrer Familie, an die Sie sich sehr gut erinnern, die aber an den anderen Familienmitgliedern wie spurlos (keine Prägung im Gehirn) vorbeigegangen sind. Das kann aber auch umgekehrt passieren.

Die Wissenschaft kann noch nicht erklären, nach welchem Schema das Gehirn die Prägung oder die Nicht-Prägung beschließt.

Vielleicht bleibt das auch eines der Geheimnisse der Natur.

Umso wichtiger ist die Erforschung der Inhalte des Unbewussten:

„Was wurde bei mir wohl alles abgespeichert?"

Zusammenfassung

- Das Unbewusste ist um vieles „mächtiger“ als das Bewusste.
- Das Unbewusste sind die Inhalte (Erinnerungen, Erfahrungen, Glaubensätze, Werte etc.) im limbischen System, dem Cortex und dem Bauchhirn.
- Neue Wahrnehmungen lösen Diskussionen unter diesen Teilen aus. Diese Diskussionen laufen unbemerkt von unserem Bewusstsein ab. Die Diskussionsrunde entscheidet über unsere bewusste Handlung.
- Die Inhalte des Unbewussten bilden sich bereits in der pränatalen (vorgeburtlichen) Phase und sind nie abgeschlossen.
- Auch Erfahrungen mit Veränderungen aus der Kindheit prägen unseren heutigen Umgang mit Veränderungen.
- Sie können nicht bewusst entscheiden: „Das vergesse ich halt einfach!“ Die Wissenschaft kennt noch nicht die Gesetzmäßigkeiten des Gehirns, nach denen es entscheidet, ob Informationen gespeichert werden oder nicht.

Das Erlernen der „Inneren Veränderungskompetenz" (IVK)

Gegenstand der IVK ist unser eigenes Unbewusstes und seine Inhalte in Bezug auf Veränderung. Darin liegt die neue Dimension.

Es gibt hervorragende Bücher, die zum Beispiel den „Change" im Business beleuchten. Der Inhalt: Einzelne Prozessschritte und Abläufe werden besprochen. Niemand fragt nach der INNEREN, UNBEWUSSTEN Einstellung der einzelnen beteiligten Menschen zum neuen Projekt. In Ratgeberbüchern werden die Manager aufgefordert, nach Leadern zu suchen, die für den Change-Prozess geeignet sind. Nach welchen Kriterien entscheidet das Management das?

Es gibt auch wunderbare Strategiebücher für das Verändern von Beziehungssituationen. Wer fragt danach, ob das Unbewusste bereit ist, da mitzuziehen?

Das Angebot von Büchern zur Lebenshilfe, so genannte Ratgeber, wird immer unüberschaubarer. Warum gibt es bei all dieser Hilfe dann immer noch Menschen, die Stress haben, Probleme in der Kommunikation, zu wenig Selbstbewusstsein ...?

Haben Sie sich schon einmal diese Frage gestellt? Diese Frage ist der Ursprung meiner Arbeit.

Sie kennen jetzt die Antwort: Das Unbewusste ist nicht bereit zur Veränderung!

Die gesellschaftliche Reaktion: Wir lächeln über unsere Unfähigkeit oder ärgern uns maßlos über unser Scheitern. UND wir produzieren weiter Misserfolg auf dem Gebiet der Veränderung, der in unserem Unbewussten abgespeichert wird ...

Sie, werte Leserin, werter Leser, können jetzt bestimmt schon erklären, was im Weiteren passiert. Jeder abgespeicherte Misserfolg verringert die Chance, dass das nächste Veränderungsvorhaben die Angst-/Gefahrenschwelle überwinden kann.

Auf S. 50 habe ich erstmals aufgezeigt, dass es zwei Schritte benötigt, um die IVK zu erlernen. Widmen wir uns diesen Schritten nun etwas eingehender:

1. Schritt: Angst reduzieren

Veränderung ruft vom biologischen Ablauf ausgehend automatisch zuerst Angst hervor (vgl. S. 54). Das ist eine Reaktion aus dem Reptiliengehirn, die uns früher in uralten Zeiten das Überleben gesichert hat. Und auch hier entscheidet das Unbewusste, der ENTSCHEIDER, in der Diskussion mit den anderen Hirnteilen, welche Auswirkungen die Angst im Veränderungsprozess dann wirklich hat. Diese Angst entspricht nicht den Phobien.

Findet die Urangst weitere Ängste, abgespeichert als Erfahrungen, Erinnerungen, Faktenwissen ..., manifestiert sie sich als Gefühl, das den Veränderungsprozess fortan begleitet. Die Angst beeinflusst den Fokus für die Lösungsfindung. Sie sind im Veränderungsprozess angstorientiert. Das bedeutet, Sie sehen vor allem Probleme und Hindernisse. Sie bewerten vielleicht die Veränderung von vornherein als unmöglich. Die Angst kann auch vortäuschen, dass etwas besser ist als das andere usw.

Während des Erlernens der „Inneren Veränderungskompetenz“ werden diese Erfahrungen und Erinnerungen zum Thema Angst relativiert.

Ohne „Innere Veränderungskompetenz“:

Unbewusst angstorientierte Lösungen. Der Mensch sieht nur die Probleme, ist passiv, hadert mit dem Schicksal.

Mit „Innerer Veränderungskompetenz“:

Unbewusst erfolgsorientierte Lösungen. Der Mensch sieht die Chancen, ist aktiv, freut sich über seine neue Situation.

2. Schritt: Den Willen und die Bereitschaft des Unbewussten herstellen

Die IVK könnten wir auch als den unbewussten Willen oder die unbewusste Bereitschaft zur Veränderung bezeichnen.

Die Erkenntnis: Wir haben gelernt, dass wir die Gesetzmäßigkeiten, die entscheiden, ob eine Information (Erfahrung, Erinnerung, Glaubenssatz ...) in den unbewussten Speicher, sprich ins Unbewusste, kommt, nicht kennen.

Der Rucksack des Unbewussten

Also ist es doch nur sinnvoll, nachzufragen, welche Inhalte das Unbewusste zum Thema Veränderung beziehungsweise zum aktuellen Veränderungswunsch abgespeichert hat. Deshalb schauen wir in unserem Rucksack nach (vgl. S. 63).

Gasche packt aus.

Was da alles zum Vorschein kommt. Unglaublich!

Alles rausnehmen, Brauchbares entstauben und bestimmte Dinge vielleicht an einen neuen Ort stellen. Kaputtes entweder wegwerfen oder reparieren. Veraltetes, Unbrauchbares wegwerfen.

Aber natürlich auch Neues dazupacken. Bestände, wenn nötig, auffüllen.

All das werden Sie im Bilderbuch zum Veränderungsthema „Ich will glücklich sein“ machen.

Ich bin mir sicher, dass Sie über so manchen Inhalt staunen werden.

Um Ihnen das Lernen noch schmackhafter zu machen, gibt es hier noch ein paar Beispiele, wie die erlernte IVK sich in Ihrem Leben auswirkt.

Leben mit aktivierter „Innerer Veränderungskompetenz"

„Innere Veränderungskompetenz" und Selbstmanagement

Keine unbewussten, unnötigen Ängste vor der Veränderung mehr.

Verändern mit neuen Qualitäten: mit Freude, motiviert und erfolgsorientiert.

Das Unbewusste zieht mit.

„Innere Veränderungskompetenz" und Kommunikation

Kommunikation erfolgt auf unterschiedlichen Ebenen:

Mit dem Wort:

Informationsfluss **33 000 Bits**

UND

Mit dem Körper: Mit dem Gefühl:

Informationsfluss **44 000 000 Bits**

Der Informationsfluss ist über die Wahrnehmungskanäle der Körpersprache und des Gefühls bedeutend intensiver und daher beeinflussender in seiner Wirkung als das Wort. Das haben Sie bestimmt schon gehört: Sie entscheiden in den ersten 30 Sekunden, ob Ihnen ein Mensch sympathisch ist oder nicht.

Das schafft das Bewusstsein alleine NIE! Kommunikation findet IMMER über diese drei Wahrnehmungskanäle statt.

Mit der erlernten „Inneren Veränderungskompetenz“ werden Sie als kongruent wahrgenommen:

Alle Kommunikationskanäle übermitteln mir als Gesprächspartner das Gleiche: „Das wird ganz toll!“ So mache auch ich begeistert mit!

Der Inhalt Ihrer GESAMTEN Kommunikation wird vom Gesprächspartner als „inneres Gefühl“ verarbeitet und so zur Diskussion im Gehirn aufgenommen. Dieses Gefühl entscheidet die weitere Einstellung zur Veränderung, die Sie mit dem Gesprächspartner durchziehen wollen.

Aus der Praxis:

Inkongruenz des Aussagenden – Reaktion des Gesprächspartners:

„Irgendetwas in mir sagt, da ist was faul."

„Mein Gefühl trügt mich nie. Da müssen wir aufpassen."

Kongruenz des Aussagenden – Reaktion des Gesprächspartners:

„Aus dem Bauch heraus werde ich dem Projekt zustimmen."

„Meine innere Stimme sagt mir: Da mache ich mit."

Im Zusammenhang mit Kommunikation sind auch die Bücher über Körpersprache und Körperkommunikation als Vertiefungsliteratur sehr zu empfehlen.

Die Wirkung von Kongruenz und Inkongruenz auf den Ausgang des Gesprächs verblüfft die Teilnehmer/-innen meiner Seminare immer wieder.

Ein Beispiel:

Ein Personalleiter eines großen Kommunikationsanbieters hat erkannt: „Meine Mitarbeiter/-innen reagieren unterschiedlich, wenn ich neue Projekte vorstelle." Durch sein neues Wissen über die Abläufe im Gehirn kann er die Ursache für den Unterschied erkennen: „Bin ich bei einem Projekt verunsichert, dann sind es meine Mitarbeiter/-innen auch." Ihm ist bewusst, dass das auch für die Motivation gilt.

Seit er vor jedem neuen Projekt seine Ängste relativiert und sein Unbewusstes auf „veränderungskompetent" stellt, hat sich das Klima während der Projektarbeit wahrnehmbar gebessert. Diese Verbesserung wirkt sich spürbar auf das ganze Firmenklima aus.

„Innere Veränderungskompetenz" und Gruppendynamik

Ohne IVK des Anführers: Angst und Unsicherheit des Anführers übertragen sich auf die Teilnehmer/-innen der Gruppe.

Veränderung wird zur leidvollen Erfahrung.

Mit IVK des Anführers: Freude und Sicherheit des Anführers übertragen sich auf die Gruppe.

Veränderung wird zum erfolgreichen, motivierten Prozess.

Eine unangenehme Wahrheit: Mitarbeiter, Kinder, Schüler oder Patienten spiegeln während Veränderungssituationen die Einstellungen des Leaders einer Gruppe, der Eltern, Lehrer oder Therapeuten!

Sie reagieren auf die Ängste und Sorgen und Probleme, die die Leader in der Führungssituation ausstrahlen. Die Wissenschaft erklärt uns diese Tatsache mit dem Phänomen der Spiegelneuronen. Bestimmte Handlungen einer anderen Person (dazu gehören Körperbewegungen, Sprache, Gesichtsmuskulatur) aktivieren in uns selbst die gleiche Handlung.

Bekannteste Beispiele: die ansteckende Wirkung beim Gähnen und beim Lachen.

Zu diesem Thema ist das Buch über die Spiegelneuronen von Joachim Bauer (*Warum ich fühle, was du fühlst*, Heyne, 2005) sehr zu empfehlen.

Zusammenfassung

- Die erlernte „Innere Veränderungskompetenz“ ermöglicht es, Veränderungen als Chance wahrzunehmen.
- Inhalt und Ablauf des Erlernens der IVK:
  - Das Angstpotenzial reduzieren
  - Unbewussten Willen und unbewusste Bereitschaft zur Veränderung herstellen
- Für den Einzelnen bedeutet das:
  - Keine unbewussten, unnötigen Ängste mehr, wenn es um Veränderung geht
  - Kongruente Kommunikation, die mitreißt
- Mitarbeiter/-innen, Klienten/-innen, Patienten/-innen, Schüler/-innen werden zu aktiven Mitgestaltern in Veränderungsprozessen
- Menschen mit erlernter „Innerer Veränderungskompetenz“ wirken auf andere:
  - erfolgreich, vertrauenerweckend, motiviert, mitreißend, überzeugend

Übernehmen Sie die Verantwortung für sich und Ihr Leben. Machen Sie sich auf zu den Ufern einer neuen Lebensqualität. Das Praxisbuch hilft Ihnen dabei.

Ich wünsche Ihnen eine spannende Kommunikation mit Ihrem Unbewussten.

Es funktioniert.

Das Praxisbuch

Jede Reise, egal wie lang sie ist,
beginnt mit dem ersten Schritt.

Laotse

Ein paar Tipps zum Umgang mit dem Praxisbuch

Ziele des Praxisbuches:

In Kontakt treten mit dem Unbewussten

Sammeln erster Informationen über den Inhalt Ihres Unbewussten

Was Sie tun können, um optimal vom Praxisbuch zu profitieren:

Beziehen Sie die Fragen auf sich und Ihre Lebenssituation und nutzen Sie die Antworten für die ersten praktischen Umsetzungen im Veränderungsprozess.

Nehmen Sie bitte eine neugierige Haltung ein. Vermeiden Sie eine Zensur bei den Gedanken und Antworten, die Ihnen auf die Fragen kommen.

Niemand hört Ihnen zu! Sie brauchen sich für Ihre Antworten nicht zu rechtfertigen.

Damit erhalten Sie erste Erkenntnisse über den Aktivierungsgrad der „Inneren Veränderungskompetenz".

Notieren Sie sich wichtige Erkenntnisse in einem Büchlein.
So können Sie diese immer wieder nachlesen.

Lesen Sie diesen Teil etappenweise und bewusst, nicht irgendwann zwischendurch.

Halten Sie nach den Fragen inne, und gönnen Sie sich genug Zeit, um über Ihre Antworten nachzudenken.

GASCHÉ

Gasche auf dem Weg zum „Glücklichsein“

Das Praxisbuch

Gabriele Schendl-Gallhofer

Hallo, liebe Leserin, lieber Leser

Darf ich mich vorstellen? Mein Name ist Gasche, und ich lade Sie ein auf meine Reise zum „Glücklichsein“.

Also, alles begann damit …

GASCHÉ

… dass ich eines Tages auf einer wunderschönen Bank in einem wunderschönen Park saß und meinen Blick durch die wunderschöne Landschaft gleiten ließ.

Ein wunderschöner Himmel, tiefblau, fesselte mich – plötzlich formten sich aus den weißen Wolken Worte:

GASCHÉ

„Ich erfülle dir einen Wunsch. Was möchtest du gerne in deinem Leben verändern?“

Gleichzeitig, ich traute meine Augen kaum, erschien eine Fee mit gütigem Lächeln und freundlichem Gesicht.

„Na“, fragte sie mich mit neugieriger, aber bestimmter Stimme, „was wählst du aus?“

GASCHÉ

Ja, da gingen mir viele Dinge durch den Kopf.

Wie in einem Film reihten sich Bilder in immer rascher werdendem Tempo aneinander. Zuerst konnte ich die einzelnen Bilder noch erkennen:

- Meinen Job kündigen
- Weniger Wutausbrüche haben
- Besser schlafen
- Endlich ich selbst sein
- ...

Je schneller aber die Abfolge der Bilder wurde, desto klarer wurde mir, dass es da nur einen Wunsch gab:

GASCHÉ

„Ja! – Das ist es!

Ich will glücklich sein!"

Vor Freude über meinen Wunsch sprang ich in die Höhe.

GASCHÉ

Die Fee lächelte mich an, und ich hatte das Gefühl, als würde sie mich wegen dieses Wunsches gütig anblicken.

„Hör zu!“, sagte sie zu mir. „Wir werden gemeinsam sieben Nächte lang sieben Geister besuchen.
Sie haben alle ein Geschenk für dich. Alle Geschenke gemeinsam ermöglichen es dir, diesen Wunsch zu erfüllen.“

Und langsam löste sich das Bild der Fee wieder auf.

Hatte ich das alles nur geträumt? Ja, bestimmt! Denn eigentlich geht es mir doch gut, so wie es ist. Eigentlich läuft alles so halbwegs normal in meinem Leben. Was will man auch heutzutage schon mehr?

Weg mit dir, dummer Gedanke!

Ich schüttelte heftig den Kopf und machte mich wieder auf den Weg zurück in die Realität ...

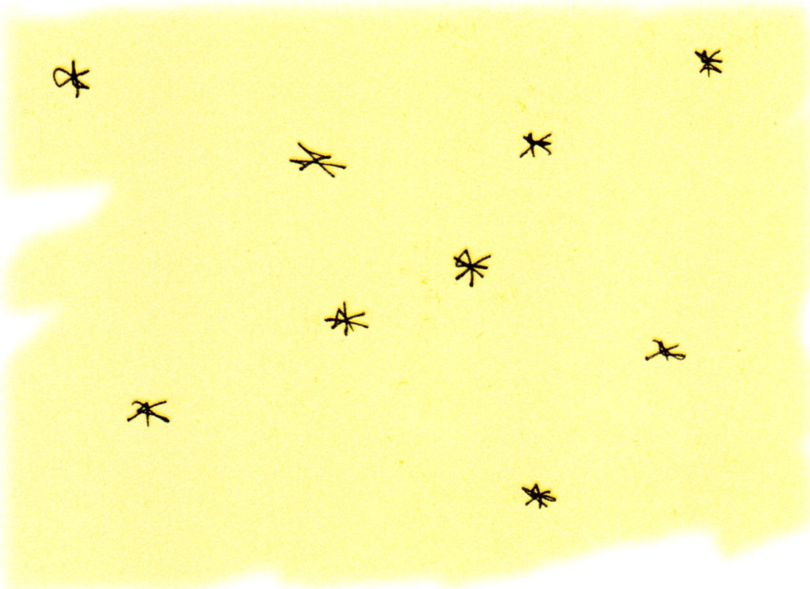

1. Nacht

GASCHÉ

… Und trotzdem, seit dem Gespräch mit der Fee war nichts mehr wie früher.

Irgendwie hatte dieser Traum mein Bild von meinem Leben verändert. Von Stunde zu Stunde wurde mir nun mehr bewusst, wie es mir wirklich ging:

- Ich musste mir in der Arbeit alles gefallen lassen, weil ich Angst hatte, meinen Job zu verlieren.

- Ich trank mehr Alkohol, weil ich mich dann besser entspannen und rascher einschlafen konnte – aus Angst vor einem Burn-out.

- Ich hatte schon lange kein Wochenende mehr mit meiner Familie gemeinsam verbracht, von der Angst angetrieben, nicht mehr genug Geld zu verdienen.

- Gleichzeitig hatte ich Angst, krank zu werden, meine Partnerin zu verlieren, mein Haus verkaufen zu müssen …

Plötzlich kreiste nur noch ein Gedanke durch meinen Kopf:

GASCHÉ

Angst!

Zuerst hatte ich das Gefühl, dass einzelne Worte wie dicke Tropfen auf mich niederprasselten, dann musste ich aber erkennen, dass diese nur die Vorboten einer riesigen Welle von Angst waren.

Ja! – So sieht meine Wirklichkeit aus.
Die Angst beginnt, mein ganzes Leben zu überfluten.
Nein, das wollte ich nicht zulassen ...

GASCHÉ

Ich entschied mich, zu laufen.
Und ich lief schneller, als ich jemals geglaubt hatte, laufen zu können.

Doch im Hintergrund hörte ich das tosende Geräusch des Wassergebildes.

GASCHÉ

Urplötzlich öffnete sich vor mir wie aus dem Nichts
eine Türe. – Ohne zu denken, lief ich durch sie durch.

Abrupt bremste ich ab.

Was für ein Gefühl überkam mich hier?

Ich fühlte mich sicher und geborgen.

Ich wusste, hier kann ich mich einfach einmal hinsetzen und die Seele baumeln lassen.

Es fühlte sich an, als würde jemand seine Hand gütig und beruhigend auf meine Schulter legen ...

GASCHÉ

... aber da war doch wirklich eine Hand.

Ich blickte hoch und sah in Augen voller Vertrauen und Zuversicht.

„Ah – jetzt verstehe ich!“, antwortete ich mit großer Freude. „Du schenkst mir das Vertrauen ins Leben, und das hilft mir dabei, erfolgreich die Angst zu bekämpfen. Stimmt’s, Geist?“

„Das ist richtig, Gasche. Vertrauen erlaubt dir den positiven Fokus.

Das Universum möchte dir das Glück schenken, aber du wirst ohne Vertrauen nicht daran glauben und so viel kontrollieren, dass das Universum nicht aktiv werden kann.

Entscheide dich für eine Veränderung, beseitige die aufkommenden Ängste und vertraue darauf, dass das Universum dir die richtigen Dinge schickt."

Entscheiden.

Angst loswerden.

Aktiv werden und vertrauen.

GASCHÉ

Ich wachte auf.

Zuerst glaubte ich, das alles nur geträumt zu haben. Doch da stand eine Schachtel vor mir. In ihr fand ich einen Zettel:

„Was würdest du machen, wären da keine Ängste, sondern wäre Vertrauen in dir?“

2. Nacht

Das kann doch nicht so schwer sein, denn alles,
was ich will, ist doch einfach nur glücklich sein.

Irgendwie kann ich mir gar nicht so recht vorstellen,
was es bedeutet, glücklich zu sein.

Ich blickte mich ratlos und verzweifelt um.

Plötzlich erkannte ich, wo ich war.

GASCHÉ

Ich befand MICH AUF ENEM RIESIGEN Bahnhof.

Eine große Anzahl Züge stand bereit, aber ich wusste ja nicht, wohin ich wollte, also konnte ich nicht den richtigen finden.

Verzweifelt schaute ich umher. Wurde einmal zum einen Zug gezogen, einmal zum anderen.

Plötzlich tippte mir wer auf die Schulter:

„Hast du dir eigentlich schon überlegt, wohin du fahren willst?“, fragte mich eine freundliche Stimme.

„Ich will mich glücklich fühlen“, antwortete ich zaghaft.

„Da fahren viele Züge hin, aber in welches ‚Glücklichsein‘ willst du denn?

Beschreibe mir doch deinen Zielort.“

Ja, und da geschah das Unfassbare. Ich erkannte, dass „glücklich sein" für mich ein Begriff ohne nähere Beschreibung ist.

Ich habe kein Bild davon, wie ich bin, wenn ich glücklich bin. Was ich dazu brauchte. Ja, um ehrlich zu sein, wusste ich nicht einmal, wie sich „glücklich sein" anfühlt.

„Merke dir", sagte der Geist, „nur wenn du dir ‚glücklich sein' mit allen Sinnen und mit einem Bild wirklich vorstellen kannst, weißt du, welcher Zug dorthin fährt und kannst einsteigen."

GASCHÉ

Ziel vorstellen.

In den richtigen Zug einsteigen.

Zielort erreichen.

So machte ich mir ein Bild, wie es ist, wenn ich glücklich bin. Oh, ich schwelgte in meiner Vision und mir fielen immer wieder neue Dinge dazu ein.

Und dann war er da der Moment:

Ich entdeckte meinen Zug. Ich wusste: Ja, dieser Zug führt mich zu meinem persönlichen Gefühl vom „Glücklichsein“.

Entschlossen und gespannt und voller Vorfreude stieg ich ein.

VISION
GASCHÉ

Ich konnte es kaum glauben. Das war also bereits mein zweites Geschenk, nämlich das vom Geist der Vision.

In seiner Schachtel fand ich folgenden Text:

„Woran erkennst du, dass du glücklich bist?"

3. Nacht

Puh, also da wurde schon viel von mir verlangt. Da musste ich sehr an mir arbeiten, wollte ich mein Gefühl verändern und mich glücklich fühlen.

Wer weiß, was das Universum und das Leben von mir verlangen werden, damit ich mein Ziel erreichen kann.

Also, um ehrlich zu sein, wäre es nicht einfacher, alles beim Alten zu lassen?

Mein jetziges Leben hat ja auch seine Vorteile. Will ich wirklich was verändern?

GASUÉ

Ja, es ist ja so bequem! Einfach sitzen zu bleiben in seinem Lehnstuhl und alles so zu lassen, wie es ist.

Doch halt! Ich fühle mich hier einfach nicht wohl. Ich merke, dass sich auf diesem Platz meine Sitzhaltung immer mehr verändert, bis ich in mich zusammensacke.

„Das kann es doch nicht sein", ...

GLÜCK

... hörte ich eine Stimme sagen.

„An diesem Ort wirst du nicht glücklich werden.
Du musst aufstehen wollen und bereit sein für die Reise."

Ja, ich spürte jetzt, dass ich es wollte. Tief in meinem Innern wuchs das Gefühl: Ich will „Glücklichsein" leben.

Ich bin bereit, mich zu bewegen.

Das Alte hat bedeutend mehr Nachteile als Vorteile.

WILLE

Was war das für ein wichtiges Geschenk des Geistes des Wollens.

Mir war ja gar nicht bewusst gewesen, dass ich vorher noch so viele Vorteile in meiner alten Situation gesehen hatte.

Auf dem Zettel des Geistes stand:

„Willst du die Veränderung wirklich? –
Was hält dich eventuell noch zurück?“

4. Nacht

Was war das für ein Tag. Ich schwelgte in meiner Vision. In jeder freien Minute stellte ich mir vor, wie das ist, wenn ich glücklich bin.

Mit der Zeit schlich sich da allerdings ein neuer, ein dunkler Gedanke ein ...

VISION
GRASCHÉ

... Darf ich überhaupt so glücklich sein?

Ist es mir bestimmt, dieses Gefühl zu haben?

Bin ich es wert, dieses Leben zu führen?

Graue Schleier drängten sich zwischen mich und meine Vision.

Die Farben der Schleier veränderten sich plötzlich und wurden zu einem wunderschönen, warmen Rot.

Aus dem Schleier blickten mich Augen so voller Liebe an, dass ich am Rücken einen warmen Schauer verspürte.

Was ich empfand, war schier unglaublich.

Wärme, Geborgenheit, Schutz ...

Mein Herz sprang in meiner Brust, und auf einmal konnte ich aus tiefster Seele Liebe wahrnehmen.

Der Geist der Liebe hatte lange und geduldig gewartet und mir dann erklärt:

„Nur wenn du dich selbst liebst und deinen wahren Wert erkennst, wirst du die positive Veränderung dauerhaft zulassen und fortan ein Leben voller Glück führen."

Ich versuchte mit aller Kraft, so viel wie möglich von diesem Gefühl in mir aufzunehmen.

Langsam wachte ich wieder auf.

Die Frage des Geistes der Liebe:

„Magst du dich so sehr, dass du glaubst, ein Leben voller Glück wert zu sein?“

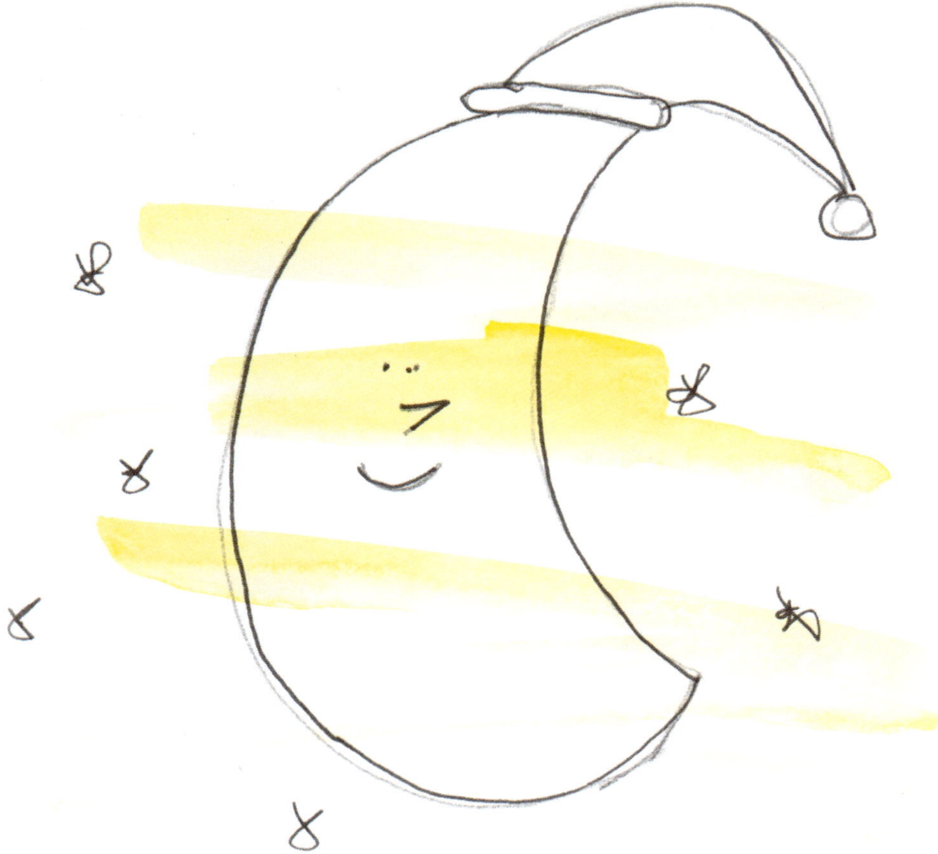

5. Nacht

Ich bemerkte in mir einen unbändigen Drang, mein Leben voller Glück endlich auch im Alltag umsetzen zu können.

Es erschien mir aber immer mehr so, dass sich mein Ziel wie auf einem hohen Berg befand.

Das müsste wunderbar sein, endlich dort oben zu sitzen ...

GLÜCK

Leider bemerkte ich aber auch, dass mir der Berg des Glücks immer höher zu werden schien.

In mir wuchs das Gefühl, nie und nimmer die Kraft zu haben, diesen Gipfel des Glücks zu besteigen.

Doch was geschah da mit mir?

Plötzlich fühlte ich mich, als würde ich mit Energie
aufgepumpt werden.

Ich nahm wahr, wie sich meine Körperhaltung
immer mehr veränderte, sich aufrichtete
und wie mein ganzer Körper begann,
sich kräftig und gesund anzufühlen.

Aus der Erfahrung der letzten Nächte
suchte ich wieder
nach einem Paar Augen ...

... Und da waren sie, strahlten mich voller Energie an und erweckten in mir eine Kraft ungeahnten Ausmaßes.

„Ich gebe dir Energie und Kraft für deinen Weg!“, sprach der Geist der Energie mit wuchtiger Stimme zu mir.

„Das ist ja schön“, antwortete ich zaghaft.
„Aber wo soll ich meine Kräfte im Alltag aufbauen, wenn dieser Traum zu Ende ist?“

„Durch Umdenken, kleiner Freund. Erkenne wieder, dass du ein Teil der Natur bist.

Die Natur gibt dir Kraft und Ausdauer: der Wald, der See, die Sonne, die Berge.

Denke daran, diese immer wieder zu besuchen und sie um Unterstützung zu bitten."

An diesem Morgen fühlte ich mich so stark, dass ich hätte Bäume ausreißen können.

Die Frage des Geistes der Kraft:

„Wann hast du das letzte Mal die Natur mit allen deinen Sinnen wahrgenommen und ihre Gaben dankbar angenommen?"

6. Nacht

Die Energie aus der letzten Nacht beflügelte mich den ganzen weiteren Tag.

Ich nahm auch wahr, dass sich allgemein meine Grundhaltung im Alltag mit leisen Schritten zu verändern begann.

So konnte ich es kaum glauben, als ich bemerken musste, dass Zweifel in mir aufkamen ...

ZWEIFEL
GRASHÉ

... Meine Vision war zwar erstrebenswert, ich wusste auch, dass ich es mir wert war, so zu leben, und es aus ganzem und tiefsten Herzen wollte, aber:

War ich dazu überhaupt fähig?

Konnte ich mit meinem Wesen in Zukunft „Glücklichsein“ leben, wenn ich es bis jetzt nicht gekonnt hatte?

Vor mir sah ich plötzlich einen Kasten voller Schalter. Auf dem stand: „Meine Fähigkeiten“. Die meisten der Schalter waren auf „AUS“ gestellt.

Tief im Inneren wusste ich, dass ich nur die Schalter auf „EIN“ stellen musste, aber ich war unfähig, mich zu bewegen.

„Uiuiui, da sind aber viele Schalter auf ‚AUS‘ gestellt!“, hörte ich plötzlich eine verschmitzte Stimme hinter mir.

„Bedenke, dass die Schalter deiner Fähigkeiten alle auf ‚EIN' waren, als du auf die Welt gekommen bist. Im Laufe deines Lebens, besonders während der Kindheit, wurden sie dann auf ‚AUS' geschaltet."

„Wie konnte das denn passieren?", fragte ich verwundert.

„Sätze wie ‚Das kannst du nicht', ‚Du bist dumm' haben das zum Beispiel bewirkt – oder schlechte Erfahrungen. All das hat Auswirkungen auf dich und nährt deine Zweifel an dir selbst.

Was ich dir schenke, das ist der Glaube an dich und deine Fähigkeiten." – In diesem Moment brachen die Ketten auseinander.

GLAUBE
AN MICH

Ganz schnell lief ich zu den Schaltkästen, um ja alle Schalter auf „Ein“ zu stellen, bevor ich wieder aufwachte.

Die Frage des Geistes des Glaubens an mich:

„Glaubst du an dich und deine Fähigkeiten, ‚Glücklichsein‘ zu leben?“

7. Nacht

Es war unübersehbar. Ich begann, mich langsam, aber sicher zu verändern.

In allen Bereichen konnte ich wahrnehmen, dass das Glück in meinem Leben Einzug hielt.

Aber da gab es etwas, das mir noch das vollständige Glücksgefühl in meinem Leben verhinderte ...

Ich hatte geglaubt, dass sich alle Leute über meine Veränderung freuen werden. Ja, um ehrlich zu sein, hatte ich gehofft, als gutes Beispiel voranzugehen.

Jetzt musste ich aber feststellen,
dass viele Menschen eher versuchten,
mich wieder zu ihrem „alten"
Gasche zu machen.

Es war traurig für mich, festzustellen,
dass ich Freunde verlor oder
diese mich für verrückt hielten.

Ich bemerkte, dass die Zeit des siebten Geistes
angebrochen war ...

Da saß ich nun auf dem Gipfel des Glücks und konnte mich nicht so richtig glücklich fühlen.

Plötzlich wurde es mir aber ganz frei ums Herz. Ich fühlte mich leicht und luftig. Das musste das Geschenk des siebten Geistes sein. Wo war er bloß?

Es fing ganz leicht an, windig zu werden ... und wurde immer kräftiger. Aber es war kein bedrohlicher Wind, sondern einer, über den man sich freut, der einem das Gefühl gibt, selbst zu fliegen.

Nun erkannte ich auch das Augenpaar.
Voller Lebensfreude leuchtete es mich an.

„Ach ja, da hat sich doch einer verändert und denkt jetzt schon nicht mehr daran, welche Herausforderung das bedeutet“, hörte ich eine tadelnde Stimme sagen.

„Hör mir zu. Eine alte Weisheit sagt:

Wenn der Wind der Veränderung weht –
das bin ich –", und er lachte aus vollem Hals,
„dann bauen die einen Mauern …

... und die anderen einen Drachen,
um mit mir zu neuen Ufern zu fliegen."

GASCHÉ

Mein Geschenk ist die Geduld und die Wertschätzung für die Menschen um dich herum.

Lass ihnen die Freiheit der Entscheidung, ob sie die Geschenke der Geister annehmen oder weiter in Angst leben wollen.

Du aber genieße das Leben voller Glück und teile es mit denen, die auch bereit dazu sind."

Auf dem Zettel des Geistes der Veränderung stand:

„Wenn der Wind der Veränderung weht, dann bauen die einen Mauern und die anderen einen Drachen. – Lass jedem die Freiheit zu seiner Entscheidung.“

GRASCHÉ

Ja, meine lieben Leserinnen, meine lieben Leser,
das war meine Geschichte.

Jetzt laufe ich aber, denn ...

... auf mich wartet ein Flug zu neuen Ufern.

Ach übrigens – wie steht es mit Ihnen?

Viel Spaß beim Verändern

Ihr

Gasche

Epilog

Denken Sie daran:

Immer, wenn Sie etwas in Ihrem Leben verändern wollen oder müssen, dann stellen Sie sich folgende Fragen, damit Sie die Veränderung erfolgreich und dauerhaft ausführen können:

Vertrauen:

„Welche Ängste hindern dich daran, zu vertrauen?"

Vision:

„Woran wirst du erkennen, dass du die Veränderung durchgeführt hast?"

Wille:

„Willst du die Veränderung wirklich? –
Was hält dich eventuell noch zurück?"

Eigenliebe:

„Magst du dich so sehr, dass du glaubst,
das veränderte Leben wert zu sein?"

Kraft:

„Wann und wo wirst du dir die Kraft aus der Natur holen, um dein Ziel erreichen zu können?"

Der Glaube an mich:

„Glaubst du an dich und deine Fähigkeiten,
die Veränderung zu leben?"

Veränderung im Leben umsetzen:

„Wenn der Wind der Veränderung weht, dann bauen
die einen Mauern und die anderen einen Drachen. –
Welche Menschen in deinem Umfeld werden von deiner
Veränderung direkt betroffen sein? –
Lass jedem die Freiheit zu seiner Entscheidung."

Anhang

Wenn Sie das Buch durchgearbeitet haben, dann sind Sie sicherlich auf interessante Erkenntnisse gestoßen.

Es liegt in Ihrem Ermessen, ob Sie die gewonnenen Erkenntnisse nun zu Ihrem Vorteil nutzen wollen, indem Sie die „Innere Veränderungskompetenz" aktivieren und erlernen.

Weitere Informationen finden Sie unter

www.schendl-gallhofer.com.

Literaturempfehlungen zur Vertiefung Ihres Wissens

Die empfohlenen Bücher sind klar und verständlich geschrieben. So können Sie Ihr Wissen zum Thema Gehirn mit den neuesten Büchern aus dem Gebiet der Neurobiologie vertiefen und erweitern.

Die Bücher zum Thema Unbewusstes ermöglichen Ihnen, „zu neuen Ufern zu fliegen".

Bleiben Sie dran! Es lohnt sich.

Bücher zur Neurobiologie

Bauer, J.: Warum ich fühle, was Du fühlst, Heyne, 2005

Birkenbihl, V.: Das „neue" Stroh im Kopf?, Moderne Verlagsges., 2001

Brizendine, L.: Das weibliche Gehirn, Hoffmann und Campe, 2007

Gray, J.: Männer sind anders. Frauen auch., Goldmann, 1992

Hüther, G./Krens, I.: Das Geheimnis der ersten neun Monate, Patmos, 2005

Hüther, G.: Bedienungsanleitung für ein menschliches Gehirn, Vandenhoeck & Ruprecht, 2001

Hüther, G.: Die Macht der inneren Bilder, Vandenhoeck & Ruprecht, 2004

Leyh, A.: Nur in deinem Kopf, Piepers Medienexperimente, 1999

Bücher zur Arbeit mit dem Unbewussten

Bambaren, S.: Ein Strand für meine Träume, Piper, 1996

Bambaren, S.: Der träumende Delphin, Piper, 1999

Hay, L. L.: Gesundheit für Körper und Seele, Heyne, 1999 (eher für Frauen)

Johnson, S.: Die Mäusestrategie für Manager, Ariston, 2000

Murphy, Dr. J.: Die Macht Ihres Unterbewusstseins, Heinrich Hugendubel, 1965

Roads, M.: Die magische Formel, Ansata, 2002 (eher für Männer)

Robbins, A.: Das Robbins Power Prinzip, Heyne, 1991

Russel, W.: Das Genie steckt in jedem, Genius, 1998

Schwarz, A.: Die Macht des Unbewussten für sich nutzen, Südwest, 1999

Wessbecher, H.: Entfalte Deine Bestimmung, Integral, 2003

Bücher zum Thema Glück

Jänicke, J.: Denkanstöße für Glückssucher, Piper, 2005

Lelord, F.: Hectors Reise oder die Suche nach dem Glück, Piper, 2002

Martin E. P.: Seligmann, Der Glücksfaktor, Bastei Lübbe, 2005

Quellen und Inspiration meiner Arbeit

In der Liste ist ein Teil der Bücher aufgeführt, die mich zu meiner Arbeit inspiriert und in meiner Entwicklung motiviert haben. Ihre Themen liegen dem Konzept dieses Buches zugrunde. Mein herzlicher Dank und Respekt gilt diesen Autoren.

Auhagen, A. E.: Positive Psychologie, Beltz PVU, 2004

Bambaren, S.: Ein Strand für meine Träume, Piper, 1996

Bambaren, S.: Der träumende Delphin, Piper, 1999

Bauer, J.: Warum ich fühle, was Du fühlst, Heyne, 2005

Bauer, J.: Das Gedächtnis des Körpers, Piper, 2004

Biddulph, S.: Männer auf der Suche, Heyne, 1996

Bly, R.: Eisenhans, Rowohlt, 2005

Brizendine, L.: Das weibliche Gehirn, Hoffmann und Campe, 2007

Capra, F.: Wendezeit, Knaur, 1983

Caspary, R.: Lernen und Gehirn, Herder Spektrum, 2006

Chopich, E. J.: Aussöhnung mit dem inneren Kind, Ullstein, 1993

Chopra, D.: Alle Kraft steckt in dir, Heyne, 1995

Chopra, D.: Der Weg des Zauberers, Goldmann, 1997

Coué, E.: Die Selbstbemeisterung durch bewusste Autosuggestion, Schwabe & Co, 1988

Damasio, A. R.: Der Spinoza-Effekt, List, 2005

Diamond, Dr. J.: Der Körper lügt nicht, VAK, 1983

Doppler, K.: Unternehmenswandel gegen Widerstände, Campus, 2002

Dubben, H.-H./Beck-Bornholdt, H.-P.: Der Hund, der Eier legt, Rowohlt, 1997

Galuska, J.: Pioniere für einen neuen Geist in Beruf und Business, Kamphausen, 2004

Gegenfurtner, K. R.: Gehirn & Wahrnehmung, Fischer Kompakt, 2003

Hay, L. L.: Gesundheit für Körper und Seele, Heyne, 1999 (eher für Frauen)

Höhler, G.: Das Glück, Econ, 1996

Hüther, G./Krens, I.: Das Geheimnis der ersten neun Monate, Patmos, 2005

Hüther, G.: Bedienungsanleitung für ein menschliches Gehirn, Vandenhoeck & Ruprecht, 2001

Hüther, G.: Die Macht der inneren Bilder, Vandenhoeck & Ruprecht, 2004

Johnson, S.: Die Mäusestrategie für Manager, Ariston, 2000

Kandel, E.: Auf der Suche nach dem Gedächtnis, Siedler, 2006

Keen, S.: Feuer im Bauch, Bastei Lübbe, 1992

King, S. K.: Der Stadtschamane, Lüchow, 1991

Könneker, C.: Wer erklärt den Menschen?, Fischer Taschenbuchverlag, 2004, 2006

Krusche, H.: Frei wie der Sonnenadler, Junfermann, 2001

Krystal, P.: Die inneren Fesseln sprengen, Ullstein, 2004

Leyh, A.: Nur in deinem Kopf, Piepers Medienexperimente, 1999

Leyh, A.: Wenn die Liebe Kopf steht, Junfermann, 2004

Malin, S.: Wie die Quantenphysik unser Weltbild verändert, Rowohlt, 2001

Meulenbelt, A.: Wie Schalen einer Zwiebel, Frauenoffensive, 1988

Murphy, Dr. J.: Die Macht Ihres Unterbewusstseins, Heinrich Hugendubel, 1965

Orloff, J.: Jenseits der Angst, Heyne, 1995

Ramachandran, V. S.: Die blinde Frau, die sehen kann, Rowohlt, 2001

Rieckmann, H.: Managen und Führen am Rande des 3. Jahrtausends, Peter Lang, 2005

Roads, M.: Die magische Formel, Ansata, 2002 (eher für Männer)

Roads, M.: Mit der Natur reden, Integral, 2003

Robbins, A.: Das Robbins Power Prinzip, Heyne, 1991

Russel, W.: Das Genie steckt in jedem, Genius, 1998

Schwarz, A.: Die Macht des Unbewussten für sich nutzen, Südwest, 1999

Spitzer, M./Bertram, W.: Braintertainment, Schattauer, 2007

Spitzer, M.: Nervenkitzel, Suhrkamp, 2006

Tetens, H.: Geist, Gehirn, Maschine, Reclam, 1994

Thal, A.: Nein sagen und siegen. Die Kunst, sich richtig zu entscheiden, Verlag Gesundheit, 1999

Topping, W. W.: Stress Release, VAK, 1997

Weiner, C./Kutschera, G.: Wer schön sein will, muss sich lieben, Kösel, 2002

Wessbecher, H.: Entfalte Deine Bestimmung, Integral, 2003

inspire!

Lance Secretan

Bewusste Führung

Mit „Ganz oder gar nicht!“ entwickelt Lance Secretan eine neue Vision von Leadership für das 21. Jahrhundert. Er legt dar, warum durch Konkurrenz und Korruption, Einzelkämpfertum und Egoismus viele Business-Chancen ungenutzt bleiben. Sein Gegenmodell: die ursprüngliche Einheit – sowohl in der Wirtschaft als auch im persönlichen Leben – erkennen und zum Führungsparadigma machen.

Der Weg dorthin führt über die sechs CASTLE-Prinzipien Courage (Mut), Authenticity (Authentizität), Service (Dienen), Truthfulness (Wahrhaftigkeit), Love (Liebe) und Effectiveness (Effektivität). In anschaulichen Praxisbeispielen aus internationalen Unternehmen zeigt der Unternehmensberater und Bestseller-Autor, wie Manager wieder Verbindungen herstellen können: zwischen ihrem Unternehmen und seinen Kunden, zwischen sich selbst und den Mitarbeitern, aber auch zwischen ihren persönlichen Idealen und ihrem Job.

„Wir wünschen uns bewusst handelnde Führungspersönlichkeiten, die nicht einfach das tun, womit sie durchkommen, sondern anderen mit Liebe und Respekt begegnen und ein inspirierendes Leben verkörpern.“ Lance Secretan

Lance Secretan: **Ganz oder gar nicht!** | 216 Seiten | ISBN 978-3-89901-118-0

J.Kamphausen www.weltinnenraum.de